找一條回家的路

從跟家庭和解出發，
再學會修復自己與關係。

洪仲清．李郁琳——著

【推薦序】

形體可以離開家庭，心理卻永遠無法割捨

家庭成員可以是兩人至眾多，彼此關係複雜，沒有不起衝突的，形體可以離開家庭，心理卻永遠無法割捨，從兒童到成人，每一個人都曾一度或永久困於家庭關係議題中。閱讀洪仲清心理師與佳家人際智能開發心理治療所執行長李郁琳合著的《找一條回家的路》時，愛不釋手，家庭的千百種樣貌躍然於紙上，親子親密、成人父母／子女的長期糾結，婆媳關係、夫妻互動及原生家庭的影響威力，均以扣人心弦的文字牽動我的情緒，我三十年來做婚姻諮商的經驗中的感受全部回來了，一頭栽進書中。

《找一條回家的路》真的不是一本普通的心理治療心得或感想，而是兩位作者透過兒童來窺探家庭的窗，接納父母案主而走入他們的家庭中，分析問題的癥結，點燃明燈，引導當事人經由思考來反轉認知，以同理家人的感覺來管理自己的情緒，並重新建立關係。

這本書最大的特色之一是作者拋出一些家庭重要議題，如「如何陪伴小孩」、「自我檢

視」、「性別角色」、「同性之愛」、「治療者本身的情緒」和「關係修復」等，其二是以認知行為學派為基礎，提供精緻設計的練習作業，步驟清楚且明確有效，其三是蘊藏著兒童心理學、婚姻諮商及家庭治療的影子，雅俗共賞，臨床／諮商心理師可以借鏡作者的經驗，學習治療技術，而家庭中每一個成人亦可經由閱讀產生洞察，嘗試新行為與家人相處。

「治療優而寫作」，我非常推崇洪心理師多年的功力，與執行長李郁琳的愛心及細緻，這是一本好書，讓我們一起閱讀吧！

林蕙瑛
東吳大學心理系兼任副教授
資深婚姻與家庭協談師

【推薦序】

以愛，帶彼此回家

現在的社會相較於過去，較能夠去學習以及了解，如何關照兒童及青少年心理。我聽到很多父母告訴我，當他們回顧了早些年他們怎麼樣去對待孩子的時候，其實很多人知道，自己早年對待孩子的方式，是錯了。那些對待，對孩子來說是一種傷害。

他們知道過去對孩子的教養方式，不只在孩子的心靈成傷，也傷害了他們親子之間的關係。然後，他們也看見過去自己的一些無知，還有，他們為了生活不得不扛著的壓力，使他們無心，也無力多去關懷孩子的心靈。

很多的父母，在自己開始學習心理關照與對生命的覺察之後，以無比勇氣跟孩子開誠布公，也就是好好地跟孩子說，關於過去，他們知道對孩子而言，他們究竟造成什麼傷害。

可是，很多的父母也會跟我反應，當他們去跟孩子說了抱歉，跟孩子做一些類似懺悔的表達時，孩子沒有辦法立即接受，也沒有辦法真正地相信，父母真的知道早些年對於他們的傷害是什麼。所以，父母很自責，但同時很苦惱，很想讓孩子趕快翻過那些過往受傷的生命頁面，好好的重新開始彼此的關係。但卻不能如願，甚至，孩子逃得更遠，迴避及抗議得更強烈。

我常常告訴這樣有心修復家庭關係的父母說，其實這是不能急的！當你沒有真正好好地去體會孩子在這麼久的時間裡，好幾年，獨自地承受來自於父母任一方的攻擊跟傷害，甚至羞辱時，孩子的心是無法再開放，再勇於讓父母靠近的。

如果只是在表面上，快步的期望說聲對不起，這些傷痛就能煙消雲散，事情都過去了，要孩子不要再去介意早年所經歷過的傷害，這樣的期待及要求，將再次成為孩子的二度傷害。

父母必須能了解到，當你真心的跟孩子表達這個抱歉時，這是來自你真的能夠體會，孩子在非常需要父母愛的年紀，他們將你視為生命的全部，因此所承受的傷害，顯得沈重而憂傷。在過往生命歲月中，孩子承受了孤獨，無助及恐懼，必須壓抑、隱忍，以順應父母所給予的世界、環境，努力存活，支撐自己，努力的因應所發生的一切。如果我們身為父母的，只是以形式了表心意，期望盡快解決掉那些早年傷痛的陰影，並且要求孩子趕快和解、放下，跨往親子關係的下一步，這往往無法獲得成效，且造成兩方心理更遠的距離。

正因為我們越來越多人感受到來自家庭的傷痛，所以我們求解，也想要重新學習這一份關於愛的課題。家，是國家之本，也是人生命的孕育初地。家，是我們成長最重要的養分來源。當家庭盡是攻擊、爭鬥、仇恨、分裂，人生命內在也將因此傷痕累累，破碎痛苦。

誰，都渴望有一個充滿愛及溫暖的家。然而，這並非容易的事。家庭，雖是一個單位，裡頭卻是由完全不同且獨特的個體所組成。建立家，維護家，讓家人間彼此能一同成長，這絕對是需要學習的事。

而學習，需要指引，需要有人的經驗分享，也需要有系統的解說，來讓我們了解這當中的要領。洪仲清心理師如今分享給我們一本書，是一本再好不過的指南。洪心理師不僅分享了豐厚的，協助家庭關係修復的經驗。更讓讀者充分的了解「家」的意義，讓「家」真實的成為我們心靈的歸屬，成為滋養我們生命成長的地方。

「家」的幸福美滿，不是靠口號，不是靠想像，也非自然而然就發生。這當中需要許多面對問題的勇氣，也需要有意願學習，關係互動溝通的態度及方式。讓家人彼此間，在愛的基礎上，不僅能表達得讓對方理解，也能帶著理解，好好聆聽對方的表達。讓家，成為我們理解愛、懂愛，最重要的地方。也因著這份愛，我們終於有「家」，一個我們真正聚在一起的，家。

蘇絢慧
諮商心理師
心靈療癒叢書作家

【作者自序】

愛與不愛的源頭

這本書的開始，有個故事。

有一位朋友，想要找我探討他跟老父母之間的關係。初步聽他描述，牽扯甚深，有許多陳舊的創傷，我擔心我能力不夠，因此婉拒。眼看著老父母的歲月所剩不多，但是在心理上跟老父母還是有一段距離，這位朋友擔心此生留下遺憾。

多少人在父母生前，是抱著憾恨的情感面對父母。跟自己的父母和好，也許某些人感覺起來實在不成議題，血緣天性，哪有什麼好不能諒解的？但是身在僵局中的人便知，理智上說得通，並不代表情感上能接受。

我其實很清楚我自己的不足，雖然我也知道，勉強去做，說不定會跟著朋友一起走到柳暗花明的境地。可是，既然我判斷該婉拒，那麼，我還能怎麼幫忙他？

於是，以這個為起點，我開始探索我面對的許多故事。想從裡面抽絲剝繭，找出些合用的案例，配合理論上的引導，希望透過文字陪伴，讓朋友有機會透過這樣間接的方式，找到回家的路。

這一寫，就是一年。

說實話，我認為優秀的人比我多得多，也有不少書籍，從各種不同角度出發，剖析家庭的動力。我本來是希望，是不是就此停筆，多積累個一段時間再說?!

不過，網路實在是個神奇的工具。我寫的家庭故事上網之後，又引發了更多類似或不同的分享。

原來，回家的路，這麼難！

更多朋友們提出的問題積累在我的心中，讓我恨不得一天抵兩天用，閱讀、思考，想要挖掘出、整理出更可行與有效的方式，幫助許多我認識與不認識的朋友，有勇氣再去面對早被塵封或不想面對的創傷記憶。

有兩個月，我常睡在地板上。這種類似苦行的方式，我以前就有過這樣的經驗，後來跟一些考生交換心得，發現他們也有類似的行為。我們的理由很像，就是怕自己睡得太熟！

以我來說，眼睛睜開，常常第一件事就是工作。睡到一半，突然有感覺，就會立刻坐起身，直接把手放在我隨時開機的電腦前面，把靈感記錄下來，或者查詢某些資料。我的生理也許沒那麼老，但大腦好像不太夠用了，有些不錯的想法，常常沒馬上寫下來，就會轉眼不見。

我感覺這兩個月的醞釀，雖是實驗性質居多，但有其必要。透過這樣的歷程，我能體會到，為什麼有些作家、小說家，一工作起來，就會有沒日沒夜的狀態。坦白說，全心投入的專注，感覺能把概念寫得明白些、深刻些。

這兩個月，我本來預計該做的事，還是照樣進行。像是輪到我陪孩子睡覺的時候，為了怕孩子感冒，我還是一夜醒來多次，怕孩子踢被子幫他蓋好。人不是鐵打的，我平常也不希望我的孩子們與家長們進入這樣的狀態，非常耗損生理與心理的健康。於是，在一個多禮拜的腰酸背痛之後，我就乖乖回到床上睡了。

儘管如此，我還是認為我自己的想法，過於淺薄。只是，朋友們在網路上的留言，讓我有了多一點的自信。我發現，藉著朋友們分享的故事，似乎能幫助到更多的人。有不少朋友提到，文章與留言，對他們有些療癒效果。

我身邊的親戚、朋友，也常對號入座，認為我在寫他們的故事，還會因此對我不高興。這讓我感覺有趣。我的故事，為了保護當事人，常常拼拼湊湊，更動背景資料，早就不是原樣。可是，只要故事的片段是取自真實，好像就能打動人心。當然，也會激起一些朋友的攻擊性言語，這我無法逃避。

我故事的主角，常以「朋友」開頭。當然，我沒那麼多朋友，那是親戚、朋友、同學、同事、個案……或是我自己的一種方便與保護性的稱呼。有時候，我被問到是不是在寫某人的故事，常常不置可否。因為，至少裡面會有一些部分，跟特定的某人無關。

至於我開頭提到的那位「朋友」，我這一年來還是常默默地關心他跟老父母之間的關係。他曾經說：「你沒發現我跟我的父母親越來越靠近了嗎？」

他確實有看我的文章，但我相信，他能修復關係，絕大半是靠他自己的努力。回到原生家庭不容易，可是，那是我們許多關係的縮影，是愛與不愛的源頭，不回去，很多關係的本質就會看不清。

這個過程中，本書的共同作者李郁琳，給了我不少幫助。我們共同討論了不少案例與文章，她也寫了一些她的經驗，以及分享了不少實用的技巧。期待我們從家庭出發，跟自己和好，跟家人朋友和和氣氣。祝福您！

洪仲清

【作者自序】

二十年圓一夢

小時候的志願，是想當老師，因為當老師看起來很威風、又很有智慧，每天可以跟小朋友玩，心境好像可以永保年輕。最重要的是，在我那個年代，當老師對女生來說，是一個很棒又穩定的職業。

當我慢慢長大，我眼裡的世界，也開始有了變化，人生的際遇多變，遇到的人事物，深深影響我之後的人生方向。

國中時期，陳華珍老師開啓了我對文學和文字的興趣，她常常不吝於讚美我、指導我，讓我覺得自己似乎在文學上有點天賦，更願意努力向前；高中時候的楊文謀老師，他授課時一派文人氣息，對於字音字形的豐富知識與涵養，對當時熱衷研究文字及參加相關比賽的我，有很大的幫助；高中班導吳華齡老師，對於該在早自習看英文卻老是偷看詩詞書籍的我，抱持著容忍又有高度興趣的心情面對我，並樂觀看待我那相較於班上同學的迥異行為，因而，我也在此時期開始嘗試寫小說或是不成熟的詩詞，我覺得那時候的自己，似乎渾身上下洋溢著對文字的熱情；大學時期系上的林蕙瑛教授，她長期透過撰寫專欄、書籍，將自己的人生經驗及輔導專業透過書寫嘉惠眾人，是我一直很崇拜及學習的對象。

因為這些老師對我的包容、鼓勵及身教影響，讓我的志願除了當老師，又多了一個選擇——希望當一位文字工作者。這讓我可以繼續發展我的興趣，還可以透過書寫來傳達自己的想法。

二十年過去了，我對文字的熱愛不減，加上社群網路的興起及貴人的提攜，讓我有更多機會將文章和更多朋友、網友分享，也終於有機會實現自己的心願。

《找一條回家的路》這本書，我主要撰寫的文章在於各篇最後的〈練習〉，以及內文中的幾篇文章。在撰寫〈練習〉這部分，我要非常感謝本書的共同作者洪仲清心理師給我的建議與幫助，透過一起討論書中的案例與文章，整合著想帶讀者一起學習的元素，並試著將理論和技巧透過比較淺顯易懂的方式來書寫，是我的目標，因為我希望提供給讀者練習的技巧，是清楚可執行的，是即使只有自己一個人，只要願意嘗試，也可以做到。

而這本書的寫作風格對我來說也是一項全新的嘗試和挑戰，以前我寫作的方式，主要是透過自己的所見所聞或是助人經驗，從他人的故事出發，再與自身的經驗、想法做連結。但寫這本書的時候，有別於以往，我重新整理了自己的經驗，也透過討論、透過閱讀以了解別人的思維方式和使用的各種技巧、理論等，爾後再反省自己，篩選合用的技巧及態度，揉合這些種種加入此書，我覺得自己在這過程裡，好像也成長了不少。

這本《找一條回家的路》，訴說著我們身邊每個人的故事，有你的，或許也有我的。即便是在還未能建立自己的家庭前，我們都還有原生家庭，原生家庭裡的一切，影響我們甚深，所以，你一定可以從中找到似曾相似的模糊影子，然後，請試著停下腳步，和我們一起思索那些已經過去的、還未過去的、正在發生的，還在隱忍的種種，讓我們學習自己幫助自己，也讓這本書帶著你，重新檢視那些發生在我們身上「好」與「不好」的情緒，並重新賦予它們新生的意義。

最後，僅以此書獻給我最最親愛的家人，尤其是我的爸媽，感謝你們試著包容我的任性，讓我做自己想做的事，讓我從失敗和挫折中學習面對自己的人生，而不是走你們期待的、順遂的路，這是你們給我最大的祝福！如果以後我有任何能讓你們感到驕傲的地方，有很大一部分是來自於你們的栽培和陪伴，謝謝你們讓我做自己！

李郁琳

CONTENTS

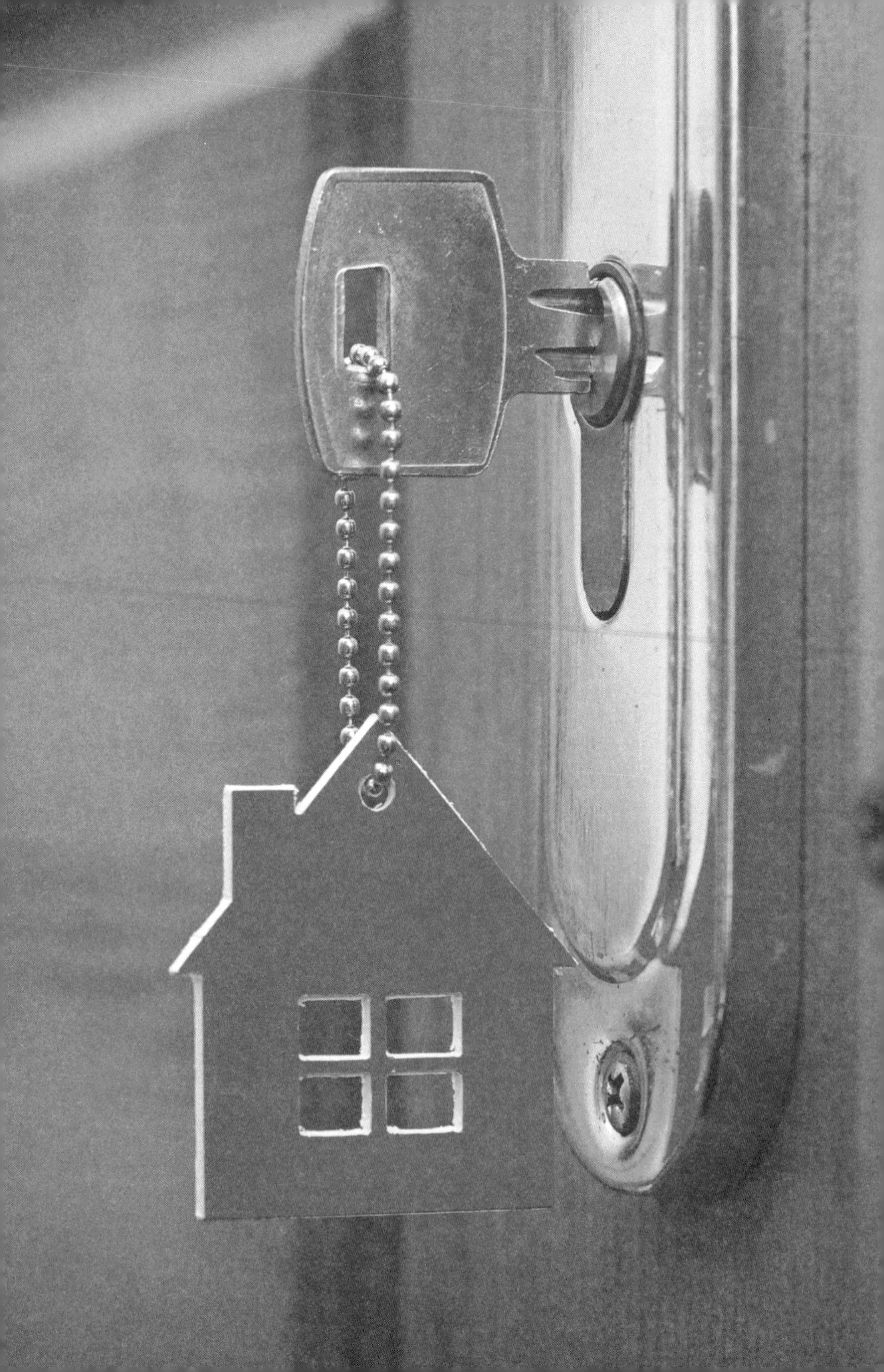

0／家庭裡的眞理

每個家庭，各自看到不同的世界。到底家庭裡的哪種信念是真理，其實都不一定，要看是不是所有成員都同意，而且能不能放在所處的文化與社會中運行。

理想的家庭

「我的家庭眞可愛，整潔美滿又安康，姊妹兄弟很和氣，父母都慈祥；雖然沒有好花園，春蘭秋桂常飄香；雖然沒有大廳堂，冬天溫暖夏天涼。可愛的家庭呀，我不能離開你，你的恩惠比天長。」

華人重家庭觀念，我們有清晰的理想家庭想望。理想的家庭，因其時代與地區的不同，而有不同的定義。以前三代同堂是常被描繪的畫面，現在則以小家庭爲主，家境小康以上，有固定的居所，有溫和陪伴的父母，和諧的手足關係，讓人眷戀依賴。

事實上，認眞探究，我們會懷疑，這樣的家庭是不是眞實存在過？

貧富差距越來越明顯，少數的富人掌握社會大部分的資產。房價高漲，租屋、搬遷者眾。父母的壓力大，情緒也緊繃，生活常在催趕孩子完成功課與家庭瑣事之中度過。離婚率高，隔代教養、獨生子女的現象越來越容易見到，家暴、兒虐新聞頻傳。

超過一半的未婚者想進入婚姻，但是，結婚率越來越低，離婚率越來越高，則是世界上相當普遍的現象。而我們慢慢也能接受，想一輩子享受單身生活的人，或雖然結婚但不想生育的夫妻。

然而，我們確實眷戀依賴家庭，即便家庭不見得美滿安康。不管是原生家庭，或者目前新組成的家庭，都密切地牽動我們的情緒。對我來說，家庭是一種物理上的存在，更是影響個人心理世界的重要建構。

當我們對於「理想家庭」的執著越深，越可能在對照「現實家庭」之後，因落差越大，挫折感會越重。

曾經有位朋友，對於新婚後，特別是孩子出生後的生活，非常不適應。以婚姻滿意度，或者女性產後的心理變化相關研究來說，這是很常見的現象。她不斷抱怨婚姻生活如何乏味，先生如何差勁，孩子如何難帶，常沒辦法滿足她婚前想像的那種極受寵愛的畫面。

我同理她的情緒，並說明目前一般家庭的現況，提醒她多珍惜得來不易的小康家庭。她確實在情緒被接納之後，過著一段相對平穩的日子，但沒多久，她所期待的貴婦生活依舊沒出現，就又回到不斷抱怨的互動模式。最後，令人遺憾地，她開始外遇，並主動提出離婚，結束了旁人還算羨慕的家庭狀態。

對我來說，我常使用家庭，作為理解一個人情緒狀態的重要基礎。以這位朋友來說，她的父母長期婚姻不睦，媽媽二十幾年來，不斷跟她抱怨爸爸的種種不是。我很自然地會推論，在面對理想與現實婚姻關係中的差距，這位朋友也很有可能以不斷抱怨的方式，企圖消解她的挫折。然後，按照早已設定好的情緒劇本，這位朋友的先生，在婚後的各種缺點，就逐一浮上檯面，跟她對爸爸的印象重疊。她如果自省不夠深，便會呼喚多年來，她深埋在內心的不安全感模式，啓動自我防衛的機制，去尋求另一段關係的可能性。

學習愛與關懷，懂得尊重與信賴

如果員工不認同公司主管的管理與價值觀，可以永久切割，終身不再互動。可是，即使家庭成員有能力在生理上離開家庭，但在心理上，在每個人最脆弱無力的時刻，家庭就已經對我們劃下影響深遠的刻痕。再加上社會賦予家庭對每個人的意義，我們個人的思考、情緒、行爲，跟我們心裡的家庭意象息息相關，即便是親生父母從小不在身邊，也會有其替代性的父親與母親形象出現。

血緣有著強大的力量，家庭成員之間的關係有其唯一性。就算是父母各自再婚或離異，想填補親職角色的繼父母，無論他們付出多少，都沒辦法眞正取代曾有過的私密情感連結。

於是，一個人若是憎恨自己的父母，便像是在心裡自設了牢籠。直到理解父母，並誠心接納的那一天，才得到救贖。

美滿的家庭，也會有「正常的苦惱」。家庭是一個情緒單位，也是一個社會單位。家庭除了面對一般性的社會壓力，包括：維持生活的必要工作、傳宗接代的期望、醫療照護……更有家庭，需要面對更大的課題，像是父母因爲工作需要長期離家、因重大事件導致貧窮、家庭成員的病苦需要長期照護……。

所以，父母做爲家庭的領導者，當然有可能因爲缺乏資源，或應付不了過大的挑戰，光是在基本生活上的維持就捉襟見肘，更別說能給予家庭成員一個穩定的心理環境。不過，如果我們願意下功夫，仍然能做到，在物質困窘的情況下，支持與鼓勵家庭成員的成長。

隨著歲月流轉，家庭與每個成員，都在不斷地變化著。家庭裡的每個個人，始終跟整個家庭共舞著獨立與依賴的舞步。過度追求個人獨立，其實忽略了家人在物質上，甚至精神情感上，仍相互依賴的本質。

一個人當然可能在情感上，很大程度地自給自足、超然獨立。但通常是在跟自己想像中的家人，和解過後，然後才得以重新獲得對自己的充分信靠。一個人的情緒如果能越少受家庭牽引，反而更可能跟家庭保持和諧關係。

在心理上理想的家庭，能夠保持家庭的完整性，又鼓勵家庭成員探索與實現自我。家庭若有足夠的力量，此力量能凝聚所有家人的情感，學習愛與關懷，懂得尊重與信賴，並在家人跌倒的時候，能幫助與支持家人爬起來繼續面對挑戰。彈性與平衡，是心理上理想家庭的特色。

然而，如果家庭沒有足夠的力量，可能任由問題的存在，不斷耗損家人們對家庭的認同，或者，有可能犧牲某位家人的利益，來勉力維持家庭的功能。像是在早期社會，如果一個家庭手足眾多，但資源難以均分，大姊常是被期待犧牲的一位，最好是辛勤工作，又幫忙家務，不婚不嫁，栽培弟妹，最後照顧年老的雙親，一生要爲家庭鞠躬盡瘁。

家庭遭遇困難，在所難免。最怕從此失去了尊嚴與希望，沒了家人之間的協力同心，缺乏相互支持與打氣，那麼，家庭可能分崩離析，個人的成長也暫停。

家庭裡的眞理

如果家庭是一間房子，那麼，當幼年子女打開窗戶，窗戶的大小形狀、座落的角度，便決定了他們所看到的世界。我們可以這麼說，家庭成員間的大小事，以及爲了方便互動所訂定的規範，成爲家人判斷是非與形成價值觀的重要參考，詮釋了這個世界。

於是，家庭認爲重要的，才是眞正重要，好像被家人肯定，才有意義。所以，當我們感覺到，我們幼年時並沒有被父母好好對待，我們有時會窮盡畢生之力，渴望得到父母的肯定，或者，向他們證明，我們的重要性高過他們的認定。好像非得如此，我們的存在才有意義，我們長年的缺憾才得以平息。

家庭中的互動，有其可辨認的潛規則，平常我們不見得討論，但在發生衝突的時候，會有多一點機會浮上檯面。像是誰選擇外出吃飯的地點？家人在客廳中常坐的位置？不同家庭成員說話時，誰該第一個回應、用什麼態度回應？教導孩子功課時，如何分工？誰該請假照顧生病的子女？面對長輩的時候，各自該扮演何種角色？

我認識一對夫婦，相處數十年，丈夫只要生氣就不說話，這時家庭會像當機，很多事不能處理。大小事要以丈夫的喜好爲優先，丈夫所使用的各項產品，總是全家最先進。這個家庭的故事很典型，爸爸像皇帝，一切要聽從他的發落，否則就是不以家庭爲重，沒把尊長看在眼裡。

另一對年輕夫婦剛好相反，家庭生活以太太的喜好爲優先，太太的位子總是最方便看電視；太太想要出門，孩子感冒也得陪著去吹風遠行。太太一生氣，全家就等著受氣；太太叫人時都叫全名，也常用命令句。好像女王一上座，眾臣只能聽命，抗命就是對家庭不付出，先生大概有外遇，長輩頭腦有問題。

潛規則是全體家庭成員共同參與的劇本，大家都在同一個舞台上粉墨登場。同樣的戲碼，一演再演就成慣性，慣性通常會抗拒家庭重組、轉型（像是家有青少年，或太太重病），因爲這樣的互動所有成員最熟悉，儘管不見得最受到歡迎。這時，家庭成員需要各自拿起劇本，共同修正對白，各自調整走位與肢體，才能重新讓劇情流暢順心。

如果家庭能夠簡要且完整地描述這個世界，解釋其原由，預測將來的可能性，透過控制與調整行爲來因應變局。那麼，當家庭成員們面對各式各樣的挑戰，便能夠相對有自信、透過家庭會議激盪腦力、積極迎向挑戰、各自貢獻其努力。

有的家庭則害怕外在世界，能逃避就不面對，能間接就不直接。家庭成員間難以溝通，堅持要所有成員持有共同的信念，才足以抵禦危險與威脅。

家庭裡的眞理，是成員的共識

以舉辦婚宴爲例，這在華人社會是家庭大事，我曾經聽過兩個家庭各自面對婚宴的故事。

有一個家庭，半年前即開始籌劃。長輩儘管閱歷飽滿，仍多方詢問古禮。晚輩儘管工作繁忙，卻不忘多次跟長輩討論，彼此分工。最後，簡化古禮但有誠意，婚宴精緻而且溫馨，賓主盡歡。婚宴開支與禮金打平，預算控制得宜。

另一個家庭，倉促催嫁。女兒不想嫁，但媽媽趕鴨子上架。新郎新娘互不熟悉，媽媽想省錢又不想過於失禮，所以一概求助親戚，又常出自己的主意。所以婚禮像是趕戲，場面冷清，台上的新人表情一點也不歡喜。家裡的哥哥不管事，照樣維持自己的作息，媽媽也不以爲意，從頭到尾，好像哥哥在看戲。最後錢沒少花，大家又不滿意。

爲什麼女兒不願意，媽媽仍有辦法逼著她同意？

因爲媽媽的個性強勢，面對外人看似和氣，但在家裡常一意孤行。如果爸爸提出疑義，最慘烈的結果，是媽媽會以死相逼，爸爸也無力對抗、爭取。媽媽重男輕女，所以哥哥是家裡的大老爺，也許在媽媽眼裡，甚至比爸爸的地位還高一級。至於妹妹，從小就要聽從媽媽命令，即便情緒有困擾，都是女兒自己的問題。但是媽媽待人處事又沒有足夠的能力，所以活在自己的世界，又要家人跟她一起。

每個家庭，各自看到不同的世界。到底家庭裡的哪種信念是眞理，其實都不一定，要看是不是所有成員都同意，而且能不能放在所處的文化與社會中運行。

家家有本難念的經，家庭成員都會找出各種理由，去解釋，爲什麼家庭生活明明不如意，卻還要長年不變地繼續。卡在過去的家庭，如果無法打破慣性，又找不到新的可能性，那麼家人就像迷航的水手，疲憊地划著槳，又看不清幸福的方向在哪裡。

家庭能復原

我認識一位朋友，他被我視為這輩子的知交，他最了解我，我則最懂他。我們共同認識的國中老師，總愛說，她對這位朋友印象最深刻的事，就是看過他一邊照顧家裡的生意，一邊在空檔的時候看書，又能在班上考第一名。這位朋友從小在街頭長大，流轉生活在不同夜市，家貧困但人勤奮。後來這位朋友，讀書一路順利，也很少讓人擔心。原生家庭的家境也逐漸獲得改善，雖然依舊不富裕，但整體家庭已經算是走出困境，家人皆能過得衣食無虞。

家庭也會遭遇逆境，生老病死躲不掉，天災人禍逃不了，大時代的巨輪滾動，家庭也只能隨之顛簸前進。譬如，二〇一一年的日本福島核災，疏散三十萬人左右，估計有十五萬人永遠回不了家；二戰期間，六百萬猶太人被殺害，受影響的家庭不可數計。

家庭可能經過無常的洗禮，但亦有其生命力。家庭可能從危機與創傷中修復與成長，並且淬鍊得更堅強。在短暫的迷亂狀態中，家庭能發揮其功能，相互協調、緩衝壓力，成為讓人安心靠泊的安全港，讓家庭成員的身心狀態相對穩定。

不過，也有家庭在困境中煎熬，導致一個或一個以上的家人變得更脆弱，整體家庭的功能也逐漸薄弱。像是家有長期照護需求的長輩，纏綿病榻，照顧者不但可能在多年後身心俱疲，又可能無法兼顧親職或工作的要求，整個家庭經濟陷入困窘，互動也吵鬧不休。

假如，家庭的凝聚力可以提供家人支持與歸屬感，家庭成員的個人價值都被尊重，以及被賦予適當的正面期待。所有家人不把自己視爲暫時困頓的受害者，而傾向認爲，透過自己的努力，我們能夠掌握自我的生活。那麼，家庭在復原的過程中，下列的現象便可能漸次或同時出現：

●家人可能早就建設好，或者在面對挑戰時形成並強化一些共同的價值觀，像是視危機爲轉機、家人同心其利斷金、把家人之間的信賴當成是最大的財富。這些價值觀能鼓動家人之間的團結與努力，不互相怪罪，認爲未來的幸福可被追求，自然眾志成城，早日脫離低潮與谷底。

●家人可能已經習慣，或者正在形成有效的溝通方式。不分年紀，傾聽所有家人的聲音，以可行性而非單純因爲權威作爲行動的依據，家庭會議的結論涵蓋多數人的看法，並且試行一段時間之後能有機會接收回饋與修正。

●家人的思考彈性，勇於改變，並且尊重個別差異與獨立的需求。

像是我認識一個有特殊兒的家庭，在夫妻討論之後，也參考親子互動的品質，決定由爸爸辭掉工作，在家帶小孩進行療育，媽媽持續工作養家。處在價值觀較爲保守的鄉下，爸爸勇於跟親人溝通，並正面迎向外人的質疑眼光。將孩子的成長紀錄成立個人的部落格，清楚呈現孩子的進步，常向社會分享自己幫助孩子的方法，更鼓舞了許多類似的家庭。

而，另以我朋友的家庭來說，最艱苦的日子，毫無疑問當然該是全家一起過。在不影響孩子學業的前提下，一家四口共同努力在不同夜市經營小生意，碰到特殊節日，那更是十幾個小時的長時間工作，然後輪班休息。長期勤奮工作少休閒的生活型態，除了培養出家人之間的革命情感，還有鍛鍊出孩子們不畏苦的精神，我的朋友相當感恩過去這段日子的磨練，磨出了一輩子受用不盡的資產。

所以在適當的壓力下，一個家庭有可能把生活過得越挫越勇，越走越堅強。當家庭能不斷累積成功經驗，受益的，是所有在家庭中的個人。

以情感爲基礎認同家庭

當兩人以上共組家庭，就形成了一個團體。團體的人數越多，就越不是哪個個人單方面可以影響全局。然而，當家庭以情感爲基礎，重精神而非物質，那麼，外在環境固然容易變動，但內在對家庭的認同，就沒那麼容易被動搖。

團體裡的眾人，人人都有機會對團體付出，人人都感覺自己對團體有價值，那麼，這個團體的力量就相對強大。家人都知道該對家庭貢獻，了解持家之不易，那麼，家人對家庭就會慢慢懂得珍惜。

家庭當然可能先天不足，沒有好的經濟條件、父母剛開始不知道如何跟孩子相處、孩子病弱……但是，擺脫家庭的不足與缺點，及擴大家庭的潛力與優點，可以同步進行。經濟沒那麼快好轉，大家可以學習節約的生活；沒有人天生會當父母，但是願意花時間陪伴揣摩很重要；孩子固然身心脆弱，但我們因此懂得更愛惜自己的健康，培養良好作息、均衡食物、適量運動……。

我幫助過一個家庭，單親媽媽憑藉資源回收的工作，以及主動尋求社福單位的協助，也能在困苦的環境中，撫養三個孩子長大。孩子在學校有困難，功課跟不上，媽媽學習用耐心教導孩子，以及在義工大哥哥的課輔下，孩子的行爲逐漸改善。

家庭像棵樹，在家人的耐心澆灌下，成長茁壯，回過頭來保護家人。風吹雨打都正常，但大樹發揮其強韌生命力，更能在寒風中挺立。家庭能復原，除了先天的資源，還有家人間的情感，都是關鍵。

我的朋友，出身寒微，但立志助人。他很喜歡小孩，期待能在家庭與親子，以及兒童心理治療等各方面不斷努力，大家都稱呼他爲紅豆冰老師。

幫助我們改變的練習

每一個人都有家庭，即使在還未能建立自己的家庭前，我們都還有原生家庭。原生家庭的一切，不管我們喜不喜歡，它都對我們帶來了或多或少的影響。

我們可以學習如何覺察自己的情緒，讓原生家庭中負面的互動方式或型態，不再繼續延續下去，改寫自己的人生劇本；或是，讓正面的經驗及從小養成的好習慣，成爲我們生命中珍貴資產，代代相傳。

透過學習、觀察或想像，我們擁有對美好家庭的想望。爲了追求美好家庭的藍圖，我們帶著從原生家庭中獲得的成長、鼓勵、正負面情緒，甚或是創傷，建立屬於自己的家庭。

大部分的我們在生活中努力，經歷快樂和痛苦，期待和失落，從中學習調整家庭中每一個人的互動方式；然而，有些家庭，因爲經濟的困頓，或是角色的僵化，害怕打破現有的互動劇本，只好讓不健康的互動，繼續延續下去，形成惡性循環。

但是，如果我們夠敏感，能覺察到自己或其他家人在家庭或關係中的不安與壓力時，若希望能做些改變，可以怎麼做？尤其在我們體認到「改變別人並不容易，不如改變自己比較容易些」的時候。

這時，不妨試試拜倫．凱蒂（Byron Katie）的方法，或許可以幫助我們。拜倫．凱蒂是《功課》（The Work）的創始人，她認爲與其懷抱希望，期待改變世界來迎合自己的想法，不如去質疑這些想法，並藉由接受現實、擁抱現實，來體驗並獲得自由及喜悅。於是，凱蒂發展了一套簡單但有力的探究過程，稱爲「功課」(The Work)，她要我們去找出並質疑造成痛苦的思想和念頭，也認爲在了解是什麼令我們感到痛苦，就比較能清楚地去解決問題。

那，要如何做「功課」呢？它的基本流程是：**評論→寫下來→問四個問題→反轉思考。**在一項名爲「評論你周遭的人」（Jadge-Your-Neighbor Worksheet）作業單中，我們可以透過問題一同來思考。它的指導語是：

請用簡短、簡單的句子，在下列空格處，填入一位你還沒有百分之百原諒的人（不論他已死亡或仍在世）。不必忙著審視你自己，只需全然地去經驗那憤怒和痛苦，好像那件事件正在發生。藉著這個機會，將你的評論寫在紙上。

1 誰讓你感到（ex. 憤怒、悲哀、困惑、無奈、害怕、受傷……），是為了甚麼？

我對（人名）________感到________因為________

例如：我對我的奶奶感到生氣，因爲她不在乎我。

2 你要他們如何改變？你要他們去做些甚麼？

我要（人名）________去做________

例如：我要奶奶仔細看看我，了解我的努力。

3 什麼是他們應該／或不應該做、是、想或感覺的？你能給他什麼忠告？

（人名）________應該／或不應該________

例如：奶奶應該多鼓勵兒孫輩，不要只是批評。

4 為了要讓你開心，他們需要為你做些什麼？

我需要（人名）________（去做）________

例如：我要奶奶知道她的想法該改變了。

5 你對他們的看法是什麼？請列個清單。

（人名）＿＿＿＿＿是＿＿＿＿＿

例如：奶奶是重男輕女，脾氣不好，有成見的人。

6 你再也不想跟這個人經歷到什麼事？

我再也不要＿＿＿＿＿

例如：我再也不要聽到奶奶數落我的話。

回答完上面的問題後，接著，用下面的「四個提問」及「反轉」來檢視你在上述作業單上寫的每一個句子。這檢視並非是要去改變你的想法，而是藉由自我詢問問題，讓人可以深入的思考。例如：奶奶不在乎我。

1 這是真的嗎？

答案爲「是」或「不是」。如果答案爲後者，就直接跳到第三題作答。

2 **你能確定的知道，這是真的嗎？**

3 **當你相信那個想法時，你是如何反應的呢？發生了什麼？**

這題可以先試著以下列幾個問句幫助思考：

❶ 那個念頭讓你感到平靜、壓力或是有任何其他的感覺？

❷ 當你相信那個念頭時，你是如何對待自己和其他人？

❸ 當你相信那個念頭時，你的身體有甚麼反應？例如：手心盜汗、血壓上升？

❹ 在記憶中，第一次產生那個念頭，是在何時、何地？

4 **當你沒有那個想法時，你是怎樣的人呢？**

試著閉上眼睛沉思，當沒有那個想法或念頭時，你會怎樣？或會是什麼樣的人呢？

當我們已經完成用四個提問來檢視我們書寫的每個句子後，接下來就是反轉你的想法。所以請將你的念頭反轉過來，盡可能以各種不同的方式，然後再將它們和原先的版本做比較，看看哪個更加眞實？如果某個反轉句對你沒有意義，就以你想要的方式繼續反轉，直到找出讓你感觸最深的反轉句，最後再找出可以說明它們是事實的三個理由。

每一個句子都可以反轉到**「完全相反面」**、**「轉向別人」**及**「轉向自己」**這三個面向，舉例來說：「奶奶不在乎我」，會反轉成：

1奶奶在乎我（**完全相反面**）

2我不在乎奶奶（**轉向別人**）

3我不在乎我（**轉向自己**）

「反轉」是透過別人對我們說的話或做的事，進而讓我們發現，自己都不了解的那個自己。

拜倫．凱蒂認爲，透過實踐反轉，『「我認爲你是怎樣的人，我就是怎樣的人。」對方只不過是自己的投射罷了，與其改變周遭世界，倒不如把念頭書寫下來做檢視，再予以反轉，然後或許就會發現，我眼中的那個你，其實就是我自己……。』

凱蒂爲「反轉」下了一個我認爲很棒的註解，她說：「把你爲別人開的處方用在自己身上，反轉就會是讓你獲得幸福的良藥」。

或許你會認爲上述的技巧看起來好像有點困難，又有點多，但，其實不管是什麼技巧，沒有眞的去操作，去嘗試，光用想的，都會很困難！只有「去做」，才有機會看到不同。

改變，從來就不是件容易的事情！現在的我們，或許無法改變過去已經發生在原生家庭中的一切，但我們可以試著改善可以做到的部分，就從我們自己開始做起，一次調整一點點，慢慢改變，給自己鼓勵，也試著用反轉的眼光去看待自己和別人，以及在彼此間發生的事情。

而關係中較難改善的部分，我們持續保持善意，也調整彼此距離，一如和諧的雙人舞，也需避開踩踏對方的危險，才能舞出優美的舞姿。

＊本練習參考書目為拜倫．凱蒂《我需要你的愛。這是真的嗎？》
並取材自拜倫．凱蒂的網站：http://www.thework.org
中文網站：soul.tw/work/chr/about_the_work.php

1 讓自己鬆綁

人常常以過去對自己的記憶，來評斷自己。然而，記憶這種事，實在不見得可靠，更不見得是「事實」。有些人，只記得自己失敗的時候，對自己的努力視而不見；有些人，只記得自己對他人的付出，他人對自己的付出則不在記憶的範圍。

過去當然重要，只是，我們不因執著過去，而忽略了未來的可能性。

情緒勒索

「你等我們找到新人接替再走，畢竟同事都對你還不錯，你這樣會造成他們的困擾！」這是朋友提過的一段話，明明就是主管自己常在威脅下屬，業績不好就得走路。朋友實在氣不過，常被剝削又要當主管的出氣筒，已經另有生涯規劃。偏偏眞的下定決心要走的時候，主管就以同事之間感情還不錯爲訴求，要引發朋友的罪惡感，讓他願意等到對單位最好的時機點再離職。

都已經要走了，還講得朋友好像有義務，要對單位、對同事負責。朋友很清楚，主管一點也不在意他的心情與犧牲，只在意主管自己個人或單位的利益，所以很生氣。就是因爲主管的自私，他才捨得拋下同事之間的情誼，展開人生的新頁。還好，自己的下一步已經很清楚，時間與機會不等人，只是，他感覺到被情緒勒索，忿忿不平的說：「怎麼會有這種人？」

情緒勒索的界線

其實，情緒勒索的狀況，只要跟家庭工作，是很容易看到的事。簡單來說，情緒勒索者，他會一直要某種心理層面的東西，也許是親密感、成就感，或安全感，而這通常會讓被勒索者感到壓力與痛苦。

情緒勒索者很難被滿足，且因爲被勒索者很可能心不甘情不願，更是讓勒索者不滿，所以這種狀況很難有停止的跡象，讓被勒索者備受煎熬。被勒索者常可能被塑造爲罪人，沒持續對勒索者付出，就是不盡自己的責任或義務。

不過，一個巴掌拍不響，情緒勒索者與被勒索者，常成爲一組配對。以我的朋友來說，他確實有些情感動搖，但認清主管的意圖，以及對自己未來的方向確定，他沒有成爲被勒索者。主管的勒索可能多次有效，但朋友劃下清楚的界線，主管也無計可施。

職場也許有法律明定勞雇關係，但在家庭中，就沒辦法那樣一刀兩斷。曾有另外一位朋友說，如果不接受家人的要求，會不會被認爲「不孝」？

「我以前沒有機會，因爲要工作養家。好不容易現在家庭狀況穩定了，我給你們安排這條路，你們多幸福，還不知足？」

「我老了，不中用了。我每天在家裡煮飯做家事，不懂你的事業有多重要。不用管我，你就做你想做的事吧，反正我再活也沒幾年了！」

「我在外面工作很辛苦，回到家，看到家裡一團亂，就覺得悲哀。我同事的孩子，有好幾個都很會唸書，會幫忙做家事，又很體貼懂事，我好羨慕他們！」

「我從小就沒有爸爸，又被迫去念你要的私立學校，然後被霸凌，所以現在才這麼慘。你就當沒有我這個孩子，讓我自生自滅吧！」

情緒勒索者，可以是任何角色，父母、丈夫、妻子、孩子、手足⋯等。只是，通常在關係中較強勢者，運用起來影響力較大。

借用心理學家蘇珊．佛沃博士的定義，以及我自己的經驗，最完整的情緒勒索，大略有下列幾個階段：

第一，勒索者提出要求。勒索者爲了達到自己的目的，不太能容許被勒索者有太多討論或改變的餘地。

第二，被勒索者試圖抵抗。被勒索者想要維持自我的完整性，所以用口語或肢體，表達自己的想法。

第三，勒索者繼續加壓。勒索者開始用各種手段，動之以情、說之以理，讓被勒索者產生負面情緒，如罪惡感或恐懼，以滿足勒索者的需求。

第四，被勒索者妥協。被勒索者可能為了維持關係，或者暫時要避免不好的結果發生，就不再堅持自己的想法，因而破壞自己的原則，犧牲自己的利益。

第五，負面循環。勒索者的手段達到目的，被勒索者暫時解除壓力，形成了一組配對，讓雙方陷入負面的互動，又沒辦法逃脫。

爲了家人，有時候犧牲一些，眞的不算什麼。華人文化裡的「孝順」，在古代要聽從父母的意見婚配嫁娶，這是以前認爲理所當然的事。「父母在，不遠遊」，現代華人子女也都會認眞思考。

然而，家人如果常爲了一己之私，不顧整體的利益，那就是我們最在意的情緒勒索。最讓人無所適從的是，有時勒索者也搞不清楚自己要什麼，聽街坊、朋友說什麼，或者自己心念一轉，就要其他家庭成員配合照著做。變來變去，又都堅持自己才是對的，好像家人有不同的意見，他就受不了。

或者，有些勒索者非常蠻橫，手段也過於激烈。像是配偶不答應自己的要求，就自殘、鬧脾氣，有時再來個借酒裝瘋、自暴自棄，搞得整個家庭烏煙瘴氣。這種勒索的方式，實在讓人沒辦法接受。

最最重要的是，勒索與被勒索的雙方，都很難得到長久的寧靜。

「愛我，就照我的話做！」這是情緒勒索者心中，常出現的獨白。

心靈成長功課不能停

不過，有些勒索者，因爲不想對自己的情緒或需要負責，所以都希望被勒索者，能自動自發滿足勒索者的需求。也常用非常迂迴或暗示的方式，表達自己的需要，要面子也要裡子。如果被勒索者聽不懂，或者沒辦法完全滿足勒索者，勒索者還會不高興。涉入這種關係中，眞的很累。

「你決定就好！」有時勒索者會說出這段話，但千萬別當眞。因爲，如果我們眞的完全按照自己的想法去做，勒索者又會處處反對，最後還是要照勒索者的想法走，事情才能順遂。當個體是家庭的旁觀者時，這種現象會看得特別清楚。

所以，勒索者常會說出自相矛盾的話，「我不是反對你，只是，你這樣做眞的不好。你看，如果照我所說的做，不是皆大歡喜嗎?!」

通常，歡喜的，就是勒索者，被勒索者心中實在歡喜不起來。如果被勒索者明顯表現出不高興的情緒，勒索者還可能繼續整理另一波攻勢，想辦法要讓被勒索者心服口服。被勒索者吃過悶虧，所以還要再配合演一場戲，好像心悅誠服，忍到自己都受不了了再說。

被勒索者，因爲不斷屈服，自尊受影響，也常覺得自己軟弱。因爲常處在壓力狀態下，更可能出現身心疾患，且常不知道該如何表達自己的情緒，特別是累積了許多憤怒，但沒有出口。

如果勒索者即爲我們的父母，要劃清界線，確實可能背上「不孝」之名。因爲孝與不孝，主要是由父母設定的標準。

如何逃脫情緒勒索的糾纏，這更是不容易講清楚、說明白的題目。只能說，勒索者與被勒索者的心靈成長功課不能停，特別是有人身兼兩者，把自己長期被對待的方式，再拿來對待他人。

認清自己的需要，懂得設下界線、抵抗壓力，與表達自己的意見及想法，就比較能在心靈上達到獨立與依賴的平衡。

讓我們學會，自在地付出愛與被愛。

沒有安全感的大人，要練習重新看見自我價值，要從心裡給自己安全感，而不是一直向外、從他人身上索求，最終，讓彼此都透不過氣。

家庭中的旁觀者

「我好像從以前到現在，都是家庭的旁觀者！」

這位男性同學跟我很少見面，但一見面就聊很久。說他是旁觀者，絕對不公平。他雖然如此自嘲，但以現在的家庭來說，賺錢養家，怎麼樣也有一份苦勞。

他小時候，在一個艱難的家庭長大，父母離婚前，他就常照顧當時年紀還小的弟弟，也當媽媽的垃圾桶，聽媽媽所有的抱怨。媽媽沒有照顧到的，像是弟弟的教養、家務，他都想要去幫忙，因爲他知道媽媽的辛苦。父母離婚之後，他更是承擔起長兄如父的責任，幾乎忘了自己也是個小孩。

跟媽媽最嚴重的一次衝突，就是在他高中的時候。

他發現，他越來越能理解爸爸爲什麼沒辦法跟媽媽相處。媽媽非常情緒化，跟弟弟互動都看心情，心情好，就很寵弟弟，弟弟要錢就答應；心情不好，就對弟弟大小聲，管教的標準相當不一致，也造成弟弟的個性不太知道節制，明明家裡經濟狀況不好，小小年紀的他卻相當揮霍，先前哥哥幫忙家裡節省下來的錢，最後都讓弟弟拿去買成套小說、原版CD、名牌配件……

媽媽的情緒常能牽動弟弟的情緒，兩個人的感情很親，這部分當哥哥的人沒意見。但是，當媽媽情緒一來的時候，弟弟也被罵得很慘。這一次，他受不了了，因爲媽媽罵弟弟，實在沒道理，根本是媽媽造成的情況，卻把錯全怪到弟弟身上。他帶著怒氣，大聲地把前因後果講出來，希望媽媽搞清楚狀況。

沒想到，媽媽開始大哭大叫，說白養了哥哥，說自己要去當尼姑……講話全不往「理」字走，一副惱羞成怒的模樣，甚至威脅要告訴她的前夫，也就是我這位同學的爸爸。果然沒多久，不明究理的爸爸打電話來，不管同學怎麼解釋都不聽，就是要同學道歉。

「做小孩的，就是不能對父母大聲，不管是什麼理由！」

同學在爸爸的威逼之下，忍著淚跟媽媽道歉，媽媽還稍微教訓了他一下，說「以後別得理不饒人」。這下子，同學對媽媽算是失望透頂了。

從那個時候開始，同學就是做好自己的本分，也不管弟弟了，一心立志考上大學之後離家自立。果然，本來跟媽媽最親的弟弟，在沒有哥哥的協助與緩衝之下，親子衝突更加劇烈。

「你怎麼都不關心家裡的事?!」媽媽對同學說。

同學不置可否，繼續過自己的生活。那時候，他就知道自己成了原生家庭裡的旁觀者。有時候，弟弟跟媽媽聊天聊得很開心，他從外面回來，就是默默地回房間念書，好像他一直活在只有自己一個人的世界一樣。

他不是眞的不關心，而是，做爲旁觀者之後，他更清楚媽媽以自己的情緒做爲手段的伎倆。弟弟被攪在其中，看似跟媽媽親近，但常常因此情緒焦躁，跟哥哥講起話來也越來越不客氣，更別提日漸頻繁的親子衝突了。

「那像個黑色漩渦，我只能盡可能避免自己被捲進去！」同學描述。

後來，他果然考上大學離家了，在大學裡認識了現在的老婆，畢業後，在當地找到工作、結婚，名正言順地離開他的媽媽。弟弟也結了婚，因爲弟媳的關係，故意在外面找房子住，沒跟媽媽住在一起，雖然住處離家沒有太遠。

這讓媽媽非常生氣，打電話給同學，常常就是爲了發洩她的不滿，把周遭親友的壞話講了再講。同學也猜得到，媽媽大概也一樣在親友面前，講自己還有太太的壞話，所以，同學總想要找理由結束話題，減少情緒的涉入。

過去沒解決的，常會帶到現在重演

說實話，同學在找女朋友的時候，本來是要盡可能避免找像媽媽那樣的女性。女友看起來文文靜靜的，偶爾發脾氣，也不太過分，單純、善良是她的特點，自己也喜歡，就這樣走上紅毯想要攜手共度一生。本來兩人世界非常甜蜜，怎麼知道，孩子出生之後，從某個程度來看，太太越來越像自己的媽媽，脾氣越來越大，也常常無理取鬧，甚至比自己的媽媽還嚴重，講起話來就像在使喚下屬一樣，同學疲於奔命，太太也好似在報復同學對她的冷落。

於是，同學又變成了旁觀者。這次的藉口是工作，長時間在辦公室工作，回家看太太與孩子互動，自己完完全全像個局外人。回家也是躲進房裡打電腦，一邊望著電腦螢幕一邊感慨。

「我只想知道，我要怎麼管得住我的孩子？」同學對我說。

這年頭，當好媽媽不容易，要當「好爸爸」又何嘗簡單？話不能講太重，聲音最好別大聲，平常沒互動，卻硬要管孩子，說教說得連自己都覺得乏味。

個人從原生家庭常帶著不少價値觀與習慣到現在的家庭，其中有些以前未解決的事，讓自己跟孩子之間的互動，可能產生了不順暢的現象。然而，大部分的人都以爲問題在孩子，或是簡單學幾個技巧，就可以重拾跟孩子間的親密。

其實，家庭是一個單位，親子互動只是其中之一。上面這段原生家庭的歷史，還是因爲我跟同學夠熟，才能拼湊起來，歷史一攤開，就看得到困境重演的狀況。

可是，一般的家長，根本不會想到是自己的困擾，只覺得不知道爲什麼，照著專家的方法做，還是沒效——關鍵常常是，自己用什麼樣的情緒，跟孩子講話？還有，自己日常的生活方式，例如身教是如何？因爲孩子容易模仿；自己跟配偶的互動，其實也都呈現在孩子面前，這也會影響孩子的情緒與行爲。只有很少數的情況下，我才有機會透過家長一窺他們的原生家庭樣貌。

家長最常說的話就是：「我控制不住自己的情緒！」

命令、不服從、打罵、後悔，這個循環，雖然常主要被親子互動引發，但是箇中困擾的存在，常是陳年舊帳。譬如，同學跟媽媽之間的關係，其實是同盟之後又拆夥的狀況，累積了相當多的情緒在裡面，同學很自然地選擇離家，看起來暫時平息，實際上過去沒解決的，常常會帶到現在的生活重演。

同學以前不知道如何處理媽媽的情緒，現在則是不知道怎麼面對太太的情緒，只學到逃離好讓自己平靜。逃離，卻讓兩位女性，都先後表現出更強烈的情緒，要引起同學的注意。此外，疏遠太太的結果，連和孩子的生活都少有交集，互動常只有訓話，難有談心。

更讓我覺得尷尬的是，像原生家庭的事，不是每位家長都願意面對，或覺得有必要談。所以，我也常只能給予表面的建議，談談教養技巧、家長自己的情緒管理技巧，也許請家長看看書，有空搜集網路上相關資訊。

如果是行動力夠強的家長，或者跟過去沒太深的糾結，大致為了孩子而改變自己，那是沒有太大問題，表面的建議也就夠了。但是有些家長很需要另一個人來幫忙釐清，有些家長在更複雜的家庭結構裡，或仍在自己的困擾中，沒透過專業人員的幫忙，大概不容易。

幸好，現在網路很方便，相關書籍、主題的探討也深入、廣泛。有需要的人，可以藉著書籍自助，也是一種方式。我也期許自己，透過文章書寫和大家分享，也多貢獻一些棉薄之力。

一輩子的朋友或仇人

跟一對姊弟檔談出國遊玩的經驗，媽媽也興奮地加入討論。偶爾爸爸也會一起來，所以整個家庭的互動，可以呈現在我眼前。

每個人各有不同感興趣的主題，姊姊喜歡可愛的小狗與卡通人物，弟弟對不同汽車的造型很有印象，媽媽則對美景念念不忘，聽說爸爸喜歡攝影，所以這次出遊算是大豐收，照片整理了一個禮拜還整理不完。

我上課的時候，跟孩子們回顧了這次旅遊的正面情緒，基本的開心、快樂、興奮之外，還有新奇、有趣、熟悉、懷舊、溫馨、可愛、壯觀……這些正面經驗，每提取一次，就牢記一次。

正面經驗打造堅強的地基

在一般家庭裡面，難免會有不少負面經驗，有很多打不開的結，有難以撼動的怨懟。而讓我們還心甘情願回到家庭裡的力量，就是這些跟親愛的家人，共同度過的快樂的、溫馨的、感動的、也許艱辛但凝聚同心的分分秒秒。

所以，課後我提醒媽媽，時間金錢都花了，要記得強化這次的經驗。剛好姊姊上課提到，過幾天就是她的生日，我建議可以藉著這一年來的幾次家庭活動，拿幾張有代表性與正面經驗的照片，像我上課一樣，跟孩子一起回顧，讓孩子感覺到，雖然生活有些壓力，但是孩子都慢慢克服，也懂得在生活中找到樂趣。最後，讓孩子明白體會，自己長大了，又更成熟了。這是以我作爲心理工作者的角度，看慶生的重要意義。

一個人長大了一歲，卻沒感覺到自己一年來的努力有任何成長，或者沒有去用心體會，我想，突然在腦海浮現這種感受的人，內心大概是空虛的。

人生有時會突來風雨，而曾有過的這些正面經驗，就像是有堅強地基的房舍。它幫我們阻擋風雨，讓我們在它的保護下，思索如何繼續生存。我們不能只注意到問題在哪裡，我們也要同時蓄積能量，這能量便是跨越困難而獲得愉悅的成長軌跡。

如果做得到，我眞的很希望手足一起來上課，因爲人際互動最初的訓練從家庭開始。以手足相處的經驗來說，可以提升一般性同儕互動的技巧，更懂得協商、溝通、妥協……等。從情感支持層面來說，手足可能是我們這輩子最長久的朋友。

曾經聽過一位藝人因爲跟姊姊感情好，所以希望來世再做姊妹。但是下一次，她想當姊姊，因爲她希望換她來照顧對方。

然而，親人變仇人，兄弟姊妹因爲分家而鬧上法院，甚至手足相殘的新聞，也時有所聞。手足本身的個性，父母的家庭經營，還有過於強調利益而沒那麼重視關係的家庭背景，對我來說，常是手足紛擾的原因。

有時候，豐厚的家產，反而常是手足關係破裂的壓力源。和樂的關係，才是手足間的資產。

長期跟孩子們在一起，我自己很清楚，有些孩子的個性，如果沒有長期調整，長大之後，也很不容易相處。對照某些大人的個性，像是非常自我中心、凡事負向解讀、待人刻薄跋扈，這種狀況眞的讓人難以親近。還有另外一種，像是違法犯紀或是有重大不良習性，常造成手足龐大壓力，手足就可能避之唯恐不及。

透過競爭得到的愛，缺乏安全感

我認識一個家庭，爸爸很愛賭博，不但沒拿錢回家，還經常到處跟朋友借錢，當然也一直找各種理由跟家人要錢。爸爸的手足從不往來，連過年過節都不見面，後來才知道，爸爸也都向他們借了錢。之後聽說，爸爸心臟病過世，爸爸的手足連喪禮都沒到。

如果父母經營家庭的方式，就是常在兄弟姊妹之間做比較，例如，在學期間，比課業；出社會，比收入；有了家庭，比配偶、比孫子的成就。也許本來兄弟姊妹之間的感情也不見得多不好，但是當爸爸媽媽常常這麼做，動機雖然是出自善意，但是在行爲層面，跟挑撥兄弟姊妹之間的感情，只有一線之隔。

不只是表現較弱的一方感到有壓力，表現較優秀的那方，也會擔心哪天自己被比下來，而惶惶不安。透過比較或競賽，優勝者才能得到爸爸媽媽的愛，這樣的愛，實在過於沒有安全感。

其實，愛比較的父母，常常在價值觀上過於僵化。眞的要比較，每個人都有很多特質可以比，能力、人際、個性……每個人都有各自的卓越，只要當父母的願意看見。

另一個家庭，經營家族企業，兄弟姊妹之間，各有「績效」之別。在這種家庭長大，本來關係就很不簡單，除了手足之情，利益導向更是明顯。果然，上一代生了重病，都還沒入土，手足之間就爭著分家產。因爲過程不是很愉快，手足之間分成幾個小圈圈，進行合縱連橫。也不知道是不是因爲情緒壓力太大，一上了年紀，各自都出現了身心疾病。

我衷心期待我眼前的這對姊弟，能懂得利益不長久，但良好關係則會讓人愉悅久久。我認識不少媽媽在嫁入夫家後的辛苦，都是藉著姊妹之間的相互打氣，漸漸適應生活的節奏。

也期待小姊弟的父母，能夠知道讓手足之間感情凝聚，家庭會更和樂、父母也會最輕鬆的這層道理。也祝福各位父母自己，都擁有讓人滿意的手足關係。

家庭中的扭曲與誤解

跟家庭一起工作的時候，常會注意到一個現象：由於長久的認識，我們反而對於自己能了解家庭成員的程度，有過度自信的錯覺。

「你就是……」、「不要再說了，你只會……」、「你是覺得在一起這麼久了，沒有感覺了是嗎……」、「你這種作法，跟某某黨有什麼兩樣？」

不是只有單純的溝通技巧問題，還有過度自我中心的解讀、任意將對方的話做過度延伸、有些人只想聽自己想聽的話、帶著目的曲解對方的話……等，實在讓人氣餒又不得不面對。情緒色彩越重的話題，這方面的困擾越多。

像是，先生可能誤會太太覺得他沒能力，太太懷疑先生說她不會帶小孩、理家務，小孩則可能認爲爸爸媽媽偏心……我們的誤解，常有些方向性，例如跟我們沒解決的情緒問題，或者最近關心的情緒事件有關。

只聽某一方說話，跟同時聽雙方說話，差異眞的非常大。我甚至有一次進入校園處理霸凌事件，聽親、師、生三方的說法，完全是各說各話的現象。沒有當場看到各方一起互動，有時候就是很難拼出事件的全貌。每一方的話各自聽過一遍，在很少數的狀況下，還是有不見得搞得清楚狀況的現象發生。

有些感知、感受能力落差太大的雙方，就算是同時在我面前對質，還是會落得公婆皆有理，有理說不清的下場。所以，我絕對能體會，有些對象，眞的不適合溝通。萬一，這個不適合溝通的對象，掌握了家庭中的大部分資源，那這個家庭的其他成員，就會過得很辛苦。

提升溝通技巧能讓雙方的認知接近

此外，溝通也要看彼此的個性，有些人講話很精確，會有各種假設的狀況，想要把場面控制得很精準。但有人就是粗線條，聽個大概、抓個方向就去做，往往結果不如另一方的想像。

有些人講話看心情，心情不對，講法就改變。有些人不敢為自己負責任，自己說的話，一出現問題，就趕緊撇清責任。有些人的記憶很差，有些人的專注不佳，有些人常辭不達意……有些人就是習慣性地言行不一，雙重標準，嚴以律人、寬以待己，跟這種人溝通就是要降低期待，避免受傷害。

另外，溝通也看互動雙方的權力、角色及分工，有些人只是動嘴巴，但有些人就是要去執行，像是老闆對員工。那麼，只動嘴巴的人容易把事情想得很簡單，過於理想化，眞正做事的人就很容易接收到接踵而來的要求與批評

有些人的溝通很明確，除了清楚的指令，還有文字、便條紙提醒與輔助。有些人則是懶得講，要對方自己「揣摩上意」，還要任勞任怨。

有些狀況，是要先追求自我成長，否則再怎麼溝通也難順其意。有些狀況，提升溝通技巧能讓雙方的認知接近，但通常要多花一些時間。建議如下：

第一，請執行者複述，聽聽他的意見。

做事的人，會有其習慣性的方法，以及個人的偏好。儘管做事的人答應去做，有些事，做起來很有動機，精益求精；有些事，做起來就會意興闌珊，能拖就拖，能減半就不想做完。

我們都清楚，發號施令的人，不能自己講完了，就理所當然認爲做事的人會照著做。請

執行者發表意見，除了他「該」怎麼做，還有他「想」怎麼做，如何克服過程中會遇到的困難，都是討論的範圍。這個部分花越多心思討論，就越能拉近雙方的距離。

第二，釐清雙方的溝通風格。

每個原生家庭的訓練不同，有些人講話只是客氣、禮貌，但有些人則是直白、簡約。像是，「你要不要把垃圾拿去倒？」雖然是疑問句，但有些人是當成肯定句在使用。一般的狀況下，如果確實是肯定句的意思，那就是用肯定句去表達，以避免誤會。可是，如果積習難改，暫時還是要用理解與包容，才能良好相處，畢竟漸進式地改進，常需要花上一段長時間。

有些人習慣邊思考邊講話，所以自己講完還會常修正，就要給他足夠的時間，聽他講完。不過，一般來說，我們鼓勵先想好要說什麼，再把話說出口比較好。

有些人常想分享情緒，有些人則只想停留在理性。在這點上，男女大不同，都要對方成為完美情人，那是強求。

有些人一講起話來，就是長篇大論、沒有重點，邏輯還會前後不一。這時候另一方就要學習做摘要、澄清的動作，而討論的共識，最好還是寫下來，以免口說無憑，徒增往後困擾。雖然是家人，一般都以爲不需要這麼麻煩，可是有人就是連自己想要什麼都搞不清楚，有文字提醒或作爲證明，時時查看，可以讓大家少浪費些時間。

我就遇過有某個耍賴成性的人，他的家庭成員跟他互動，常要使用E-mail、臉書或Line來幫忙，而且盡可能避免當面談或電話討論。沒有人想要這麼累，但不這樣做，他事後又反悔，大家也拿他沒辦法，甚至曾因爲沒有白紙黑字寫下，對方賴皮，協商又得要重新來過。

說實在話，有些人眞的很不會說話，有可能是表達不完整，有可能是常引起他人的情緒反應。用文字來溝通，眞的可以多少彌補說話的不足。

第三，同理對方的角色。

先生常不能諒解太太，覺得太太小氣、愛計較。但是太太如果是家中的財政部長，那麼柴、米、油、鹽、醬、醋、茶，樣樣都要算得精，先生要借錢給朋友周轉，或者有大筆的非必要開銷，一般太太都會考慮再三。

用錢這件事，常是家庭衝突的重點事件之一。有些原生家庭習慣儲蓄，有些原生家庭則是重視生活品質，這本來就很需要溝通，如果剛好角色的問題又加上去，喜歡儲蓄的太太（如果是太太管財務），跟重視生活品質的先生，那婚前、婚後花在溝通的時間，就不能少，因爲家庭常因金錢的價值觀不同，而傷害到關係的基礎。

教養小孩的價值觀，又是另外一件常發生歧異的事情。如果多數時間是太太負責孩子的教養，那麼，即使先生觀念不同，也該事先溝通好，避免扯後腿的狀況發生。而親屬間的教養不一致，也常造成孩子的情緒不穩定。

還有，對原生家庭的態度不同，也常是家庭衝突的問題之一。有些人是獨生子女，有些人從小在單親家庭長大，有些人則是外籍配偶，有些人難得見家人一面，有些人想要的話就可以天天見面。對原生家庭的依戀，每個人各有不同，不是說切割就能切割。接納、包容及尊重，是化解這種差異的不二法門。

有人常把工作的角色帶回家，以命令句爲主的互動，任誰都會覺得壓力很大。有人面臨即將失業或已經失業的困境，相關的敏感話題，一不小心就會傷人自尊心。

有時先生是家中的支柱，但人年紀大了，身體就是會出狀況；孩子年紀小，正在發育；太太希望家庭穩定、大家健康，又可能因主掌家中飲食，所以會管比較多一點，這都無可厚非。

其實，只有「愛」，眞的不足以化解一切。因爲人有百百種，經過訓練的愛、成長後的愛，會好一些些，但也不見得無敵。溝通這種事，我們只能盡力，抱持著一定能溝通成功的想法，那就是執著了！

我不喜歡帶小孩

「……那件事，真的很痛！很痛！」

這是我第一次，聽到年輕人這樣說出來。旁邊的家長也說，這是第一次聽他這樣說。

好！說出來也好，別憋著，至少有人一起承擔，我可以跟他一起討論。

對某些大人來說（特別是男性），發牢騷，那是無益國計民生的事，不需要太重視。可是，對某些人來說，他的處境就算怎麼努力，也很難有明顯的改變，那麼，發牢騷，已經是他滿出來的情緒，所必然產生的狀態。

特別是這個年輕人，這一年來，才剛學會「好好發牢騷」，學會這種一般人感覺理所當然的動作。

我想到我認識的一位媽媽，她有一堆牢騷，沒什麼人要聽，也沒什麼人想聽——一位不喜歡小孩，也不喜歡帶小孩的媽媽。

讓我們把話題岔開一下，有些女生，其實在婚前打定主意不生小孩，也跟先生講好，才走入婚姻。但是，成家後，在婆家的壓力下、在看到先生看著其他孩子的眼光之後，勉強了自己，或者，單純是意外，而承擔了媽媽的角色。

結果有兩種，一種是沒想到自己真的很喜歡當媽媽，覺得孩子的誕生，完整了自己的生命──「我從來不知道，我可以愛一個人愛得這麼深」，這是某位媽媽的講法。

另一種，就是我們要談的這種，自己果然不喜歡小孩，也不喜歡帶小孩。只是，這份承擔，要延續將近二十年，才能有機會暫時階段性地卸下。

這位媽媽說，帶小孩也不完全是種折磨，至少孩子的笑容，可以稍稍彌補一些寂寞。對！寂寞，也好像產後的憂鬱一直沒有平復。生完孩子之後，先生總是忙，自己的世界，瞬間縮小很多，小到好像只剩孩子跟自己。

不喜歡婆家，跟娘家也沒那麼親。交友圈、姊妹淘好像是很遙遠的名詞，有了孩子後，好像經常在忙碌，孩子生病的時候最慘，一次就是一、兩個禮拜，常常自己也淪陷，變成病人照顧病人。牢騷，算了吧，講了先生嫌煩，自討沒趣。

寂寞、孤單、封閉、憂鬱……好像快要抓狂，好想找人說說話。會有人想要跟她說話嗎？她看著鏡子裡的自己，素顏亂髮，一副黃臉婆模樣，連自己都不喜歡自己。

我想到一位很有影響力的人，她也是媽媽，她說的話，很多人聽。她說，女人要有自己的時間，也要常打扮得漂漂亮亮，要有自己的社交生活。我跟她聊過天，我想，如果這位媽媽也像她一樣，能有外傭阿姨幫忙帶小孩，阿嬤也常過來看小孩，那找到自己的時間，就容易多了。

我，當時是一位年輕的男性臨床心理師，就這樣成爲了媽媽很少數的說話對象。話題常常扯到她自己，我常常禮貌性地聽一聽，又想拉回到孩子身上。我們常在這樣的拉扯中緩步前進，在我以爲我應當全心放在孩子身上，如此便能幫助到媽媽時。

事實上，我當時不是媽媽的好聽眾。我當時的經驗淺薄，怎麼可能明白，那種找不到浮木的害怕與悲哀，我緊緊地被那種「全天下的媽媽都喜歡小孩」的迷思困惑住。我不夠宏觀，也沒看得清楚，原來，幫助不到媽媽，就很難幫到小孩！

態度是活出意義的按鈕

我似乎成了某種共犯，視媽媽談她自己爲離題（儘管常常談到超出了時間），媽媽只好憋著自己的話，配合著我要把孩子談清楚。我沒辦法解決媽媽的問題，常請媽媽針對自己的問題去找人做諮詢，只是，孩子該放哪裡？如果有人可以長期固定讓媽媽喘息，媽媽也不會那麼憔悴、失意。

最後，我解決不了媽媽的問題，媽媽對孩子也使不上力。

但是，這無力與無奈，就只能這樣延續了嗎？我不認爲是如此。

我跟學會發牢騷的年輕人說：「態度很重要，那幾乎是我們唯一能決定的部分！」

當我跟許多人一起面對他們的苦難，還有我自己的苦難，我就越來越清楚態度的重要，甚至，要比最後的結果是什麼都還要重要。不管我們的出生背景、我們的教育程度、我們過去的成功或失敗，還有不管別人怎麼評斷我們，態度這種無形無影的概念，是我們手中活出意義的按鈕。

當我們選擇按下按鈕，用努力與不放棄的態度面對事物，用保護自己同時與人爲善的態度面對家人朋友，那麼，態度可以幫我們建立一段關係、建設一個家庭，甚至營造一個社區與鄉里。

不管我們前一刻做了多麼讓自己後悔的事，這一刻開始，依然可以選擇歸零、重新開始。有些人就是會用某些方式跟我們互動，該來的我們常躲不掉，構成我們人生大大小小的事，有一半是他人與環境加之於我，但有一半是我們如何回應。我們回應的方式，便是一種宣告，我們或許陷入困境，但我們清楚行動是改變的必須。

我問年輕人：「你經歷了這些事，你難道都不會想要停止上學嗎？」

年輕人說：「爲什麼要?!我還有我的朋友……」

或許，我們把家庭、學校、公司、國家……視爲是我們的牢籠，但同時換個角度，它也是我們的安身之所。孩子會長大，環境會變化，我們人，則能夠透過努力，越變越堅強。

不少家長在我臉書的版面上留言，有類似「回首來時路，我已經走過那段痛苦的日子」的話。對啊，還是會過去的，每一天都是一個台階，每個台階踏穩，終究會走出迷霧。

我知道，我現在還是不見得有能力，幫助那一位牢騷滿腹的媽媽。因爲形勢比人強，她所處的環境艱困，不是她一個人努力，就能扭轉乾坤。可是，我想告訴她，別放棄自己，咬牙還是走得下去，適度休息不是罪惡，態度要把持住，接納自己就是少數不喜歡帶小孩的媽媽，允許自己哭，但過多的罪惡感不會讓任何人受益。

加油，選擇好態度，讓它帶著自己走下去！

別太早對自己的人生下結論

我有一個認識很久的朋友，高齡得子，典型「『婦』老子幼」。跟著孩子瘋星光少女，孩子每個人物都記住了，她還記不住。體力也差，最怕跟孩子到外面玩，孩子的電力還非常飽滿，她已經累趴喊回家。但是兩個人把星光少女畫冊拿出來研究的背影，看起來就是溫馨。

她常自嘲，自己有「高齡婦女教養症候群」。

以前，我還講這位朋友不適合帶孩子，現在想想，是我自己把話說太滿了。她的負面思考很強，愛抱怨，壓力大一點就會想擺爛、放手。情緒一來，難聽話就停不下來，我曾經勸她很多次，那些她常說的口頭禪，實在不適合在孩子面前說。

簡單來說，不利人際關係的舉動，也常常不利親子關係。

沒想到，眞的有了孩子，母愛的潛力無窮，在孩子面前，她硬生生改掉自己的習慣。很多到嘴邊的話，都呑了下去。

剛開始，孩子的某些行爲，像是翻白眼、發脾氣，讓她情緒控制不住，還會跟孩子冷戰。我帶著她，好好檢視自己的思考，孩子的舉動，讓她有了什麼想法。

「翻白眼眞的讓我很受不了，我想她眞的是很沒有禮貌，我這個人最重視禮貌，像我們小時候，在我們父母面前，哪敢這樣……」

我這個朋友的習慣又出現了，情緒一來，話就停不下來。這時候，要幫她做摘要，讓她的思路可以因爲我的引導而清晰一些。

「所以，我們可不可以這樣說，她翻白眼，妳覺得她對妳不禮貌，這是很沒有禮貌的行爲？」

「對！大致是這樣！」

然後，當一個人因爲外在事件而有比較強烈的情緒，我們常能從其中，找到自己。通常一件事我們有情緒，是因爲我們在意，感覺到這件事跟自己有關。如果跟自己不太相關的事，引不起共鳴，情緒自然少一些。

「她對妳不禮貌，表示她＿＿＿＿＿妳，請妳試著填空！」

「她對我不禮貌，表示她不尊重我，否定我對她的付出。」

當我們聽一個人說話，特別是情緒色彩較重的話，話中常有深意。如果我們只聽一個人表面的話，又要藉著談話來解決問題，那雙方都容易陷入迷宮裡，走不出來又看不清。所以，對心理師來說，懂得聽，真的比懂得說更關鍵。

然後，她心底最深的話，常會引發更深的情緒。能把情緒理清，可以幫助一個人稍稍卸下情緒的負擔，讓她自己有能力，去驗證自己的想法與情緒。

「她不尊重妳，否定妳對她的付出，除了讓妳生氣，還讓妳覺得＿＿＿＿，請妳試著填空！」

「讓我覺得很沮喪、很無奈、很沒有價值……」

通常，這裡頭會有很多原生家庭的故事，或者現在的生活不斷重現的戲碼。舉例來說，像是她小時候，可能不斷努力，可是父母總是偏愛弟弟，花很多時間也不像弟弟能輕易討得父母歡心。像是她現在，做了很多事情，也得不到婆家的肯定，之前因爲不孕的問題傷透了腦筋，長輩的壓力又很大，先生不是不體貼，只是這種事帶來的壓力，男人很難完全感受到……

這些，實在不適合朋友之間聊天說。所以我請朋友務必記得，回家寫寫日記，把這些事對自己講清楚。有時候，我們太早對自己下定論了，人生這件事，總是有機會重新詮釋的。

別太早對自己的人生下定論！

如果是自己的錯，別急著回應

有時候，一個在情緒當下的人，眞的需要另外一個人，幫她一起看清楚自己。

「妳覺得，妳的孩子，眞的不尊重妳，眞的否定妳的付出嗎？」

「應該沒有啦，至少沒那麼嚴重。」

「妳覺得她知道這樣的行爲不禮貌嗎？她心裡想的，跟妳心裡想的一樣嗎？」

「她應該只是自然反應吧！她連翻白眼是什麼都不知道。她也不見得是不尊重我，只是想要表達她的不滿，她上次還說：『最愛媽媽了！』。我一累就是會這樣，什麼都往最壞的地方想，有時候不是很理性……」

我常覺得，我像是一個教練，在訓練人的思考，讓人能更清楚掌握自己，過自己想過的生活。當一個人重新檢視自己的想法，開始修正之後，可以請她重新再用更正確的內在對話，重述一遍更接近事實的想法，以及感受一下新想法。

「妳能不能簡單重新敘述一遍我們討論的結果，當她＿＿＿＿＿＿，我認為＿＿＿＿＿＿，我感覺＿＿＿＿＿＿。請妳試著填空！」

「當她對我翻白眼、發脾氣的時候，我認爲她只是在表達自己的不滿，並不是在否定我的付出，我感覺心情受到一些影響，但沒那麼糟！」

我跟她，都認爲這樣比較接近事實。比較接近事實的內在對話，不會馬上把傷心變快樂，把生氣變愉悅，而是情緒的強度小了一些，減少了對人的困擾，更接近平靜。

當新的想法形成之後，就可以討論新的行爲，以這位朋友的例子來說，是教養行爲。說實在話，這位朋友常常忘東忘西，年紀大了，也不能不認老。像是，出門忘了關燈、關冷氣，食物常放到過期，自己說過的話很快就忘記，孩子糾正她：「妳已經說過了！」她還硬說沒有，我剛好有聽到，跳出來幫孩子作證，她還不高興……

像這樣，怎麼可能不被旁邊的人抱怨，孩子也是，先生也是。她總不能一被抱怨，一被糾正，就又要用負面思考折磨自己一次吧！我跟她談，以後可以怎麼做。

如果是自己的錯，別急著回應，先輕輕吸一口氣，克服自己的羞愧，直接認錯「對不起！媽媽搞錯了！」、「對不起！媽媽又忘了！」……然後，想個解決問題的辦法，像是「妳的記憶力比媽媽好，以後慢慢小聲跟媽媽說，提醒媽媽，媽媽會很感謝妳。」

如果確實是孩子的行爲需要調整，那就**先簡單同理孩子**，「妳剛剛很生氣，因爲媽媽沒有讓妳去玩抓娃娃機！」**也許說一點自己的感覺**，「妳那麼大聲說話，我也會覺得生氣！」**然後，示範用好的語氣說一遍**「妳可以這麼說：『媽媽，我不能玩抓娃娃機，所以很生氣！』」**最後，重申原則，並轉移注意力**，「媽媽說過，如果已經出來買玩具，就不能玩抓娃娃機了！我們可以等到下次再來玩，這次先回家玩玩具，這樣也不錯！」

像這樣的思考練習，我以前當學生的時候，進行了兩年。遇到大大小小事，都用這樣的原則整理過一遍，記錄自己的思考與情緒，學習有效的回應方式，直到內化爲止。我也建議朋友這樣做，這是自我成長的方式之一。

不在孩子會誤會的時候笑

母愛無敵，爲了自己，好像沒那麼堅強，但是爲了孩子，那眞是勇者無懼。自己以前不敢深入的過去，都重新翻了一遍，照片、日記，以前的書信，都拿出來看過。一件又一件，

讓自己鬆綁

「每個家庭都有一個失敗者！」朋友這樣說。

朋友套用了電影裡的話，無疑地，他覺得自己就是那個失敗者，跟整個家庭格格不入。他是家裡學歷最差的那個；學校畢業後，還沒有穩定收入的那個；年紀一大把，還不知道自己將來要做什麼的那個；一直跟家裡伸手要錢，要常看老媽媽臉色的那個……

他每隔一陣子，就會陷入憂鬱。他以思想悲觀，在朋友之間聞名——「黑暗之子」是他的暱稱。所以，他也是家裡面，喝酒喝最多的那個……

原生家庭，常常是自我概念形成的重要來源，而且一旦形成，要花許多時間才能解套。他的能力，其實沒有很好，但也沒有很差，普普通通，偏偏他的個性好強，常希望得到他人的注意與肯定，他要的不是普通、平凡，他要很好、卓越。只是，他的哥哥姊姊在課業上都比他優秀，曾經教過他哥哥姊姊的學校老師，看到他，都會搖搖頭說：「你的哥哥姊姊這麼優秀，你怎麼會這樣？」

他的注意力不佳，枯燥無聊的事物引不起他的興趣，生活習慣散漫，做事衝動沒計畫，大家都看不下去。連老么的優勢，好像該被特別寵愛的特權，都被他自己消磨光了。

唯有他自己有興趣的事物，他才有辦法集中精神，全力衝刺。偏偏，任何事物，再怎麼有興趣，也會有相對枯燥的部分，所以他常是五分鐘熱度，沒辦法持續。

「該怎麼辦？」老媽媽問我。

行爲不會永恆不變

這第一步，就不容易辦。他似乎從小有注意力不足過動症，這部分要請醫師進行診斷。可是，他的年紀，通常初診比較適合去成人精神科，這層心理關卡要克服，對一個成年人來說，非常不容易。其實，如果他想去外面私人開業的兒童心智科診所也可以，只是，這都要他個人願意，也不簡單。

不管有沒有診斷，他都有很大的可能會不高興。如果有診斷，就可能說醫師騙人，我常聽到的說法，是說醫生都用這種方式賺錢，因爲沒有診斷，就沒有病人，沒有病人，就沒有錢賺；如果沒診斷，就會怪老媽媽，幹嘛聽我的說法，明明自己就沒問題……反正，這件事，從頭到尾，就是件吃力不討好的事。這還只是第一步。

第二步，如果有診斷，那可能還要依醫師的醫囑服藥。關於注意力不足過動症，是不是需要服藥，上網查詢，就會有不少爭議。朋友如果自己上網，便會有非常困惑的情緒，還是得要他自己決定，要不要服藥。

「至少，還沒看醫生以前，請他多運動吧！多運動對注意力有幫助，對體力、健康都好。」我只能這麼說。

老媽媽馬上接著說：「運動？他每天能按時起床，我就偷笑了！他懶成這樣，連散步都做不到。」

這其實是我非常常見的困擾，我常有的建議就兩樣：運動跟寫日記。但是，大部分的人，都希望只靠談一談，花一點點時間，就能夠改善。如果之前沒有運動習慣，通常沒幾個人願意去做，也沒多少人眞正想寫日記。

連比較簡單的身心健康習慣都不願意養成，又怎麼可能挑戰更高難度的改變——調整個性？

不過，朋友都來了，還是要請他來聊一聊。我大概簡單說明剛剛我跟老媽媽之間的對話，再跟朋友聊。

「失敗者？是永遠都不會改變，做什麼事都失敗的意思嗎？」我這麼問。

朋友有氣無力地說：「大概是吧！」

「你覺得你是失敗者。有沒有例外？像是，什麼事曾經算是成功？一點點成功都好！」

「嗯……」

朋友半天答不出來，整個人看起來好像還沒睡醒的樣子，感覺能量都被抽光了。事實上，處在這種沒能量的狀態，思辨能力也會跟著下降，常回答不出比較困難的問題。有時候，運動能稍微提升一個人的能量，但是一個人沒能量，真的是連運動都有困難，兩者常互爲因果。

我試圖要讓朋友把「對自我的評價」，以及「行爲」層次脫鉤。我常這樣說，如果我們自認爲聰明，那麼聰明的人，也會偶爾做出愚笨的事；自認爲愚笨的人，也會偶爾說出聰明的話。

當我們把對自我的評價，當成一個標籤，就有可能貼在自己的眼前，把自己的「行為」都看成是標籤的樣子，改變就更困難。我們得了解，一個人如何被評價，是根據他的行為被評價，但行為不會永恆不變。以朋友的例子來說，自認為是失敗者，便會常常看不到他自己偶爾的小成功行為。如果我們聚焦在行為，我們會更有力量一點一點改變。

不輕易評斷自己與他人

老媽媽在一旁忍不住了，開始補充，朋友願意服務，特別是家庭聚會的時候，可以勉強維持「有事弟子服其勞」的形象。他也喜歡塗鴉、畫畫，雖然貼到網路上，沒什麼回應，但媽媽似乎「硬是」要鼓勵，這個鼓勵卻引不起朋友的正面情緒。我看到媽媽一頭熱，但朋友很冷淡的現象。

如果我的直覺沒錯，其實，老媽媽也覺得朋友是失敗者。只是愛子心切，在孩子面前，老媽媽也盡可能鼓勵她的孩子，但是鼓勵的方式過於浮誇，連朋友自己都麻痺了，甚至感覺到空虛。老媽媽說不定，比朋友更沒有辦法接受他是失敗者這個事實，甚至，把朋友的失敗，連結到她自己的教養失敗。

再講得深一點，說不定，老媽媽本身就有比較強的評價人的習慣。什麼人都要給個標籤，成功的、失敗的、聽話的、叛逆的……用這種過度簡化的方式看人，像是把人綁住了。就算是被看成「聽話的」人，可能偶爾也想要有自己的想法，想嘗試新行為，想離經叛道一下。

如果我們沒辦法聚焦在「行爲」層次，沒辦法從小的行為開始累積，聚沙成塔，那就沒辦法讓自己鬆綁。我們要想，過去二十年養成的對自己的看法，難道未來的二十年、三十年、四十年、五十年，都沒辦法改變嗎？

過度簡化地看人，那是看輕了一個人的潛力。所以，我不輕易評價人，包括自己，因爲我相信行爲改變的可能性，也不斷在自己與他人身上印證。

人常常以過去對自己的記憶，來評斷自己。然而，記憶這種事，實在不見得可靠，更不見得是「事實」。有些人，只記得自己失敗的時候，對自己的努力視而不見；有些人，只記得自己對他人的付出，他人對自己的付出則不在記憶的範圍。我們常常只記得比較凸顯的事、帶著點情緒色彩的事，至於每天出現的事，反而有可能因爲理所當然而容易被遺忘。

過去當然重要，只是，我們不因執著過去，而忽略了未來的可能性。

談話的深度，有深有淺，這次談話，只能建議老媽媽跟朋友談談，願不願意先去看醫生。佛度有緣人，我的功力遠遠不及佛，能幫助的人更有限。當朋友連一般問答對談都還有困難，我只能先請朋友去看醫生，也試著去運動。不過，現在有名的醫生，也常要等一段時間才能約到診⋯⋯

看著老媽媽帶著朋友離開的背影，我也感染了一絲絲的憂思惆悵。所以寫了這篇文章，希望當朋友精神比較好的時候，有機會看到，多給自己一點機會，別再給自己貼標籤了。

這個故事，不會只是一個家庭裡的故事。希望能讓有緣的朋友，因此得到一點點心靈的支持。

沒有安全感的大人

有位網友寫信給我，和我分享她的心情故事。老實說，我看完她的來信，心裡覺得很難過，因為如果是我，站在她的處境，我也同樣不知如何是好。

她說自己是老師，在大學時期學了各種的教育理論，對嬰幼兒及兒童發展很有興趣，平常除了教學之外，自己還去進修，希望能在教育現場多幫一些孩子和家長。但是，她覺得自己唯獨幫不上忙的，是自己的老媽媽和外甥。

她說，自己的媽媽很早就和爸爸離婚了，所以她從小就和爸爸不親，家裡的氣氛也很差，只要爸爸回來看她們姊妹，媽媽就會用言語辱罵爸爸，甚至要她和妹妹不要理爸爸，也不要和他說話。

她回憶過往，當時年紀小，只覺得媽媽生氣時好可怕，雖然她也很想念爸爸，但是礙於媽媽的緣故，就是不敢靠近，久而久之，爸爸大概是一直受挫，慢慢的，也不來看她們了。

她的字裡行間，有淡淡的憂思。父愛，因爲大人之間的恩怨，從小，就被迫斷了這樣的想望。

印象中，媽媽常常在她們姊妹面前數落爸爸的不是，說他不會賺錢，不知道養家，連家事都不會做，一天到晚只會躲在房間裡，說自己是多麼辛苦將她們姊妹拉拔長大，要她們以後要好好孝順媽媽。

她說自己知道媽媽的苦，但也許是因爲這樣從小耳濡目染，她的感情都談得小心翼翼，幾任的男友也都在母親的反對下，戀情都無疾而終；妹妹和自己的個性不同，雖然在媽媽的教育下，對男人也不太信任，但個性較獨立自主，有自己的戀愛觀，後來也結了婚，生了孩子。只是，好景不常，因爲一些緣故，妹妹離了婚，帶著孩子搬回家住。

她說，妹妹的婚姻觸礁後，似乎引爆了媽媽心裡對爸爸、或者說是對男人放不下的仇恨，她的情緒越發難以控制，只要提到妹夫就常常暴怒，身體狀況也越來越差，還有憂鬱症的傾向。

最讓自己擔心，也不知道該怎麼辦的，是她無意間發現自己的媽媽常在外甥面前說他爸爸的壞話。諸如：你爸爸是壞人，我越看他越討厭……或是，如果以後你爸爸欺負我們，你要保護阿嬤和媽媽喔。

她說自己對於妹妹和妹夫的感情沒有太多想法，因爲她覺得感情是個人隱私，只有身在其中的人最了解，即使親如姊妹，她也很少勉強或窺探妹妹的隱私，妹妹不想講，自己也不多問。

但是，自己的媽媽就不一樣了，她每天和孫子相處，雖然孩子的爸爸會固定來帶他出去玩，但外甥都和阿嬤、媽媽住在一起，朝夕相處，多少在情緒上，也深深被大人牽動著，尤其是阿嬤。

她會如此憂心，是因爲自己是學教育的，知道身教的影響力和重要性，加上，那次不小心看到自己媽媽對著外甥說的話，有種想拉孫子同盟的感覺，自己就更害怕這孩子未來的心理發展了。

她曾私下勸過自己媽媽，也提醒過妹妹要注意孩子的情緒發展，但是都沒有效果，她知道自己好像無力改變現狀，又捨不得外甥小小年紀就要承受大人之間的情緒勒索，還要被迫選邊站或和誰結盟，想到這，心裡就很糾結。

一邊是自己的媽媽，一邊是自己的外甥，她不知道該怎麼辦？她苦笑著問我，如果她只是一個老師的角色，不是孩子的阿姨，不是媽媽的女兒，事情會不會單純一點，會不會好處理些？

跟自己及他人和好的練習

生活中的瑣事繁多，外境的事物紛擾，常常能輕易地激起我們的情緒，讓我們覺得沮喪或不舒服。

一般而言，我們渴望心情的寧靜時刻，但，當負面情緒來時，該怎樣讓自己鬆綁？怎樣在糟糕的事件發生後，還能跟自己和好，還能啓動自我修復過程，重新幫自己贏回眞正的幸福與平靜？

我們常會過度的將焦點放在負面情緒上，很難跳脫，更遑論思考解決的策略；將困境放大檢視的人，常常不是別人，而是自己，我們過度關注它或是想像它，自怨自艾，認爲事情已經沒有轉圜的餘地了，認爲自己只會越來越糟，沒有人會比自己更慘……

當有了這樣的想法時，請試著想想是否有問題不存在的時候，或是沒那麼嚴重的情況？這就是所謂的「例外」。譬如，我們本來以爲會發生一些無可挽回或是糟糕的事情，但最終這都只是我們的想像，那些事並沒有發生，或根本沒那麼嚴重。

我們可以試著幫助自己，也幫助他人，去覺察與探索這些「例外時刻」。像是我們可以問問自己：

- 有沒有什麼時候，夫妻相處時，氣氛是不錯的，心情也很愉悅？
- 有什麼時候，平常只要一靠近就鬥嘴的姊弟，也能和樂的一起玩？

在「例外」中，試著找出那些被我們忽視的力量及資源，還有久違的平靜感覺。然後，我們還可以問問對方或自己，當時是怎麼做到的？強化這些正面的經驗及感受，幫助我們下次面對類似困境時，有跳脫慣性負面思考的機會。

有時候，不是困境消失了，而是我們心態的轉換，能夠接受它或是重新看待困擾我們的事件，一如，認知療法的背後哲學「困擾我們的，不是事情的本身，而是我們對事情的看法」。

對於困境引起的負面情緒或思考，除了可以使用「例外」的技巧幫助自己外，我們還可以在與人互動時，改善溝通的模式，幫助彼此做有效溝通，進而減少因溝通不良引起的負面情緒波動。「我訊息」就是這樣一個不錯的溝通方式，它的溝通公式是：

「當你很晚回來的時候」（**描述事件**）

＋

「我很擔心你是不是出事了！」（**表達情緒與對事件做解讀**）

＋

「我希望你下次確定要晚回來的時候，能打個電話或傳簡訊讓我知道！」（**用客氣的方式表達我們的要求**）

＋

「這樣下次如果你又晚回來，而且沒吃飯，我才能先幫你準備！」（**讓對方知道，照著我們的要求做，對他有什麼好處，增加對方執行要求的動機**）

「我訊息」的重點，在於溝通時要同時講出「心情」與「事情」。有時候抱怨的內容流於心情的宣洩及指責，就算有討論事情，也變成是在翻舊帳，以至於到後來溝通的主軸都失焦了，也無益於解決事情。

溝通如果希望有效果，那話語中也要盡可能減少責怪。因爲責怪常以「你」爲主詞，容易引起對方的自我防衛，連帶也降低了溝通的效果；而溝通時，如能以「我」爲主詞表達心情，也可以減少我們習慣性地責怪對方。

此外，在溝通時也要讓對方知道，我們的要求對他有什麼好處，一味的要求，通常效果不大。但，如果對方知道照著我們的要求做，會帶來什麼益處，通常比較願意多思考，則建議被採納的機率和執行要求的動機也會比較高。

良好的溝通，對我們的人際關係與情緒穩定有幫助。然後，我們也要時時提醒自己，當外在事件對我們造成了比較強烈的情緒時，我們常能從其中，找到自己。也就是說，如果一件事會讓我們有情緒，通常是因爲我們在這事件當中，看到模糊的自己。

就好像是過去的「未竟事務」未解決，而現在的新事件，替我們將過去未完成的情緒做了連結，帶到現在來。因而，我們感覺到這事件跟自己有關，就容易引起情緒，這情緒，可能不只是因爲當下事件，更有可能是過去的新仇舊恨，一併湧上來所致。

正因爲人是如此容易受到情緒的綑綁，所以，我們更需要透過古人說的「修身養性」，來幫助自己解開那些不管是從原生家庭帶來的，還是後天養成的，甚或是被環境交互影響而來的禁錮。

生活中的各種考驗，會讓我們的過去與現在做連結，進而影響我們。但我們依然可以透過反省、透過修正，讓自己的人生過得有彈性。

2 我的孩子，以及我內心的孩子

我選擇正面面對我自己的人生，看清楚自己的不成熟，我一直努力著。

我也選擇理解、諒解、和解，讓我父母自由，或許更精確地說，是我想像中的父母，也讓我自己收起船錨，準備揚帆啟航。

原生家庭裡的家規

我年紀越大，越覺得我受原生家庭的影響很大，這是年輕時候很少有的感覺。我最近在跟孩子玩鬧的時候，我自己的頭，好像突然被我自己的笑聲與神態打到一樣——這是我爸爸在我約莫國小高年級到國中的樣子。

我當然沒有刻意模仿，可是印象很深刻。我爸爸玩起來也很瘋，有時候力道拿捏上會有狀況，他也有點好強，喜歡展現他的男子氣概，這常造成玩到最後會有一點點不愉快。我很早很早，就希望在這個部分，等到我自己爲人父母的時候，要改善。

這件事，這樣的想法，這樣的場景，我已經遺忘很久，至少，我沒有意識到。可是最近被自己神似爸爸的笑聲與神態打醒的時候，像是一串記憶被提了起來。而且，我很欣慰，我做到了我當初的期待。

我跟孩子互動的時候，出手力道都會注意，讓孩子開心過癮，又不至於讓孩子受傷疼痛。我也表現出我認爲爸爸該有的剛強，我希望讓孩子有被保護的感覺，可是，孩子跟我競爭的時候，我常節制有度地按比例讓孩子有較多機會獲勝，但又讓孩子隱隱然感覺，爸爸其實不弱，可以放心在爸爸懷抱裡表現軟弱。

我很高興，我的工作讓我在心思上琢磨地更細緻。但我也很驚訝，原來原生家庭的影響這麼深遠，即便我早就從教科書上讀過。

一個家庭，不只是所有成員的組合，它是一個新的單位。我像是一個新生兒，誕生在一個已經有一個幼童的小家庭裡，這並不能單單想成，只是增加了一個新成員而已。

譬如，手足競爭的問題就會開始出現，媽媽的疲累可能增加，爸爸爲了貼補家用，更努力地賺錢，但沒照顧到媽媽的心情。媽媽不開心，孩子更焦躁。因爲一個新成員，整個家庭氣氛就開始改變了。

家規需要隨著不同的變化做調整

隨著時間與空間的變化，家庭的氣氛也會有所不同，所以出生在同一個原生家庭的兄弟姊妹，也各自受到相同與相異的影響，展現出不同的個性。像是家庭有第一個孩子的時候，仍三代同堂，但是等到有第二個孩子的時候，已經搬進了新房子，只是，如果少了祖父母的幫忙，親職壓力更重，房貸壓力也大。

家庭的互動，姑且說以「家規」來規範著。家規牽涉到，每個成員在家庭中的權利與義務，以及慢慢形成重複性的行爲模式。即使可能有許多不同的行爲選項，我們還是會進行少數習慣性的互動方式。

有些習慣性的互動，其實已經造成家庭的痛苦，可是還是十年如一日地反覆被執行。像是，有些家庭議題絕不討論，至少不公開討論，例如：弟弟的自閉症、爸爸常會有一段時間突然不在家……不討論，問題就解決不了。

有些家庭一點點衝突都不能發生，例如：「家人之間就是要互相包容，會引起家人不愉快的話就別說出口」。有些家庭不鼓勵家人跟外界有太多的互動，例如：「只有家人會對你好，其他人都不要太相信」、「家醜不可外揚，只要說一點點，就可能會傷害到家庭」。

有些家規我們都清楚，也講得出來，像是「大人講話的時候，小孩不能插嘴」。但是很多家規，是沒有被講出來的，像是「其實爸爸媽媽根本沒那麼在意我們小孩有什麼想法，只要聽話、成績好、沒犯什麼錯，就是好孩子」。

家規需要隨著不同的變化做調整，討論的過程很重要，某種程度的家庭會議該進行。如果沒有覺察家庭中妨礙成長的潛規則，或是家庭根本沒有討論、拒絕改變，那麼，家庭本身的處境便岌岌可危。

譬如說，有個家庭，因爲經濟困窘，但孩子又生得多，所以家中厲行節約，而節約的其中一個項目，就是家裡盡量不開燈。結果，家裡除了媽媽之外，所有孩子都近視了。家規沒有即時調整，反而因小失大。

另外一個例子，是我認識一個家庭，家長很不喜歡孩子談到負面情緒的部分，孩子一講，父母就制止，所以教導孩子多看事物的光明面。我個人的感覺，看光明面很好，但是被當成一種手段，實際上是父母不想聽孩子的牢騷與苦惱。「只」注意事物的光明面，常會掩蓋眞實存在的問題。

等到積累的問題爆開，前面沒處理的部分會一次來算總帳，屆時父母又怪孩子，怎麼沒把事情告訴父母？如果家庭不去注意已經存在的負面情緒，不去討論家庭成員對彼此間的不愉快，怎麼能擴大範圍，讓孩子說說在學校的困惑與難過？孩子說也被責怪，不說也被責怪，孩子的情緒怎麼能穩定？孩子情緒不穩定，父母的心怎麼能平靜？

每個人，一輩子追求的，可能就是被無條件的接納。然而，家庭資源有限，個人常要根據家庭的現實做妥協，甚至扭曲自己，因此會有持續受傷，或者需求沒被滿足，然後一路帶著傷痛長大的現象。

一個人在目前生活中的缺憾，回到原生家庭中去找答案，是一種探索心靈的方式。但是，如果把所有的責任都怪罪到父母身上，自己是暫時輕鬆了一點，好像也可以少負一點責任。可是，越尋找問題越多，如果又沒去自省，要以自己身爲成年人的力量，去改善目前的困境，那反而讓自己越來越不快樂。

再次強調，家庭很重要，對個人影響當然相當深遠。但是，探討原生家庭對自己的影響，那只是方式之一，不是唯一。

目前心理治療的學問，已經發展出許多不同的方法助己、助人。我們會有許多洞見與覺察，有些會跟原生家庭有關，有些則想不太到關聯，這都沒有關係，重點在了解了自己以後，如何面對自己做處理，該繼續努力，還是接納、放下。

我知道我的父母，有很多地方，有他們的限制。但是我自己當爸爸，一樣有我不足的地方。我選擇正面面對我自己的人生，看清楚自己的不成熟，我一直努力著。

我也選擇理解、諒解、和解，讓我父母自由，或許更精確地說，是我想像中的父母，也讓我自己收起船錨，準備揚帆啓航。

放下期待反而自在

孩子國中了，但是女生跟男生就是不一樣，敏感而細膩，這個年紀的男孩常依然停留在「赤子心」的階段。尤其長得不錯的女生，有些男同學會開始若有似無地愛慕，讓她談起話題來，早熟又如同飽經世故。

事實上，家長常常忽略這種孩子的需要。她雖有類似大人的形體與言語，情緒上的感受與認知上的邏輯，也都能跟得上大人的對話。然而，她終究人生經驗不夠，基礎薄弱，自我概念也不穩定，我們表面上要尊重她像大人，心裡要認知她依然需要非常多像對待孩子般的關懷。

她告訴我，奶奶重男輕女。自從弟弟出生之後，自己就被冷落，尤其弟弟小她好幾歲，更是備受大家疼愛。她也愛弟弟，但是她難免受到不公平對待的影響，因此有時對弟弟會有生氣的感覺。

嘛，家裡都待不住！還不是她（奶奶）兒子的錢都在外面花掉了，我媽只好出去賺錢，又要在教會幫忙，她（奶奶）怎麼不去罵她兒子？我就看過我奶奶對我媽擺臭臉，超臭，我就想跟我奶奶說，她有事嗎？」

我跟國中女生談，討厭一個人，不見得一定不能跟她相處。「首先，要先放下一個會讓妳困擾的想法——『奶奶一定要喜歡我，我才會覺得自己值得被喜歡』。慈祥的奶奶，那是理想的形象，很多老人家在生命的末期，有可能受到身心疾病的困擾，或者單純因爲老化，個性變得很不可愛，多疑、退化、脾氣差……那都不意外。」

「妳越希望奶奶喜歡妳，妳的挫折就越大。弟弟都國小了，這麼多年，妳也盡力做（家務）這麼久，我們也大概猜得到，奶奶不太可能改了。目前要常提醒自己的是，怎麼樣才會減少不愉快的互動，像是奶奶又在媽媽背後罵她的時候，先不要回嘴，找機會趕快離開，這樣妳們就不用吵架，免得她又罵更久。

「第二，多放一點心力在學校。妳媽媽也沒有多少人可以說家裡的事，只有妳最了解她。所以，她的心情全都跟妳分享，可是，很多事妳無能爲力，勉強要介入，只會越弄越糟。我會找機會跟妳媽媽說，現在國中要怎麼升高中，大家都非常混亂，妳的壓力也很大，上次還有幾個同學想要排擠妳，妳全部的精力用來應付妳現在的生活都不見得夠，妳媽媽還希望妳幫她分擔苦惱，其實對妳沒有太大的幫助。」

自己不進入受害者角色

青少年還沒完全獨立，又有很多情緒不知道如何解決與面對，很需要大人的傾聽與指引。如果媽媽一有情緒就往女兒身上丟，不但孩子會壓抑自己，很多自己的事慢慢也不敢告訴媽媽，因爲不想讓她擔心。此外，對孩子抱怨其他家人也會加重孩子的困擾——讓孩子對其他親人產生負面情緒，通常對孩子的壞處多於好處。因爲每一代有每一代要自己解決的問題，最弱勢的孩子，最後常演變成以某種身心困擾的形式，來脆弱地維持家庭的平衡。

孩子問家裡的事，大人就是輕輕帶過，請孩子把注意力集中在他自己的挑戰，多討論孩子自己的憂思煩惱。孩子能照顧好自己，解決自己的問題，大人就可以更沒有負擔地回過頭來面對屬於大人間的糾結。

大人的情緒要自己解決，自己會解決自己的情緒，才能多引導孩子解決他們的情緒。大人找機會成長，吸收新知，就像婆媳之間，有正確的期待，就少一點傷害。

我聽過另一位媽媽分享，她先生家裡是單親家庭。她婆婆跟她先生，還有小姑相依爲命很多年。她們本來婚前就打定主意，要搬出去住。因爲她知道婆婆很依賴她先生，她嫁去，是搶了婆婆的兒子，甚至可以說是情人。她本來就沒有期待婆媳關係能夠多好，特別是婆婆喜歡看本土劇，裡面常常是婆媳鬥來鬥去，她猜婆婆面對她大概也很焦慮。

原本以爲，小姑可以幫忙照顧婆婆，沒想到，婚前小姑突然被調到南部工作。自己嫁過去之後，很快就意外懷孕，因爲想當全職媽媽，陪伴孩子成長，所以也確實沒有能力再額外負擔搬出去的購屋費用。

婚後也如同預期，婆婆偶爾就會嫌孩子帶得不好、太常回娘家、做決定不夠尊重丈夫……然後，生活習慣不同，婆婆也會隨意進出她跟先生的房間，甚至會跟她先生撒嬌，想要獨佔她先生，社區裡很多人都聽過她婆婆的訴苦。

她很清楚，她只熟悉她的先生，對她婆婆一點也不了解，相對的，她婆婆也不了解她。她不必要「愛」她婆婆才能過日子，甚至也不用到「喜歡」，她只要相安無事，孩子平平安安長大就可以。

這位媽媽眞的很堅強，把先生的時間讓出來，讓婆婆多跟先生獨處，讓先生安撫媽媽的情緒。反正自己有小孩要照顧，逗孩子取樂也不無聊。偶爾回娘家請自己的媽媽帶小孩，跟先生在外相約吃飯，彌補一下在家不足的夫妻生活。

不滿都會有，自己不進入受害者角色，拒絕自己捲入婆媳鬥爭的漩渦裡，就是把婆婆看成另一個要「相處」的長輩，也體諒婆婆多年來的習性要改變不容易，對自己的負面影響就會小很多。她的嘴本來就不甜，這幾年來也練習講了幾句，婆媳關係雖改善不多，但是婆婆有孫子可以分散注意力，自己的壓力好像也小了些。

問題本身有時候不是問題，是我們對問題的反應造成了問題。

她說她很幸運，先生一直以來都很支持她。作爲夾心餅乾，她先生很有耐心地面對他的媽媽，婆媳間有問題也都主動出面溝通，當初，她就是看上這點才嫁給他。當然，很多事還是溝通不來，盡力就好。

在關係裡面，雖不能預期，但絕不放棄。不放棄尊重，不放棄建立起適宜的關係，以求解決問題，即便關係目前相當淡薄，也不必那麼介意。放下期待，反而自在。

公主的世界

從前從前，有個可愛的小女孩，她是爸爸媽媽的寶貝，是家裡的公主。

直到有一天，弟弟出生了，公主被迫要把位子讓出來。她覺得自己不是爸爸媽媽心中唯一的寶貝了，於是，她每天畫畫，講著王子與公主的故事，這樣，在她的世界裡面，她依然是亮麗動人、受到大家呵護的公主。

公主早熟敏感，小小年紀，心裡藏著許多秘密。她喜歡樂器，喜歡動物，喜歡兒童樂園……她的世界，沒有小朋友進得去，所以，她總是孤單。

有一天，媽媽帶著公主，到森林裡找一位老精靈。媽媽希望老精靈，能讓公主放開她堅強守備的柵欄，也能走到其他小朋友的城堡裡。

老精靈什麼都不做，只陪著公主畫圖，專心地陪著。那時，老精靈的世界裡面，只有公主，老精靈把所有的空間都給了她。

於是，公主藉著圖畫，告訴老精靈許多秘密。公主說，她碰到了蜜蜂、鱷魚，還有兇惡的狗，老精靈說，公主會得到最好的保護，王子會保護她、爸爸媽媽會保護她，然後，她也夠強壯，能保護弟弟。

公主挺起胸，大聲說：「我會把弟弟抱住。」

老精靈知道，蜜蜂、鱷魚，還有兇惡的狗，可能是來自爸爸媽媽的壓力，也可能是來自弟弟的威脅。那麼，用公主的語言，講一遍完整而安心的故事，就足以讓公主獲得保證。

公主讓老精靈進入她的世界，老精靈抹去了公主的不安。老精靈用公主的世界裡的語言，讓公主知道，公主很安全，老精靈也會陪著她。

公主離開森林的時候，跳著、笑著，走了！老精靈揮揮手，約好下次再見。

* * *

好幾天了，老精靈一直忘不了，公主在眼眶裡打轉的晶瑩淚水。

那天，公主從遙遠的海之國回來，到森林的深處，找到熱烈歡迎她的老精靈。

公主說，她不怕鯊魚，也不怕弟弟，只是覺得他很煩，公主一邊說一邊把弟弟也畫到圖畫紙裡面。

「公主已經很久不這樣做了！」森林裡的風，偷偷在老精靈的耳裡說著。

老精靈把公主的動作看在眼裡，臉上漾開微笑。

「弟弟很煩！」老精靈同理地說著。

這次，公主畫了許多不同造型的公主，然後，推開畫紙，公主告訴老精靈，白雪公主的故事。

公主說，白雪公主唱歌很好聽，白雪公主頭髮很好看，白雪公主跟七個小矮人玩得很開心，還跟王子一起跳舞。

老精靈了解，最完美的人物，只存在於想像裡面，把自己當成想像的角色，就能避開自己的不完美。想像，如果短暫且運用得當，可以保護自己不受內在或外在的評斷，獲得休養生息的機會；但如果長此以往，那會變成給自己設定牢籠，扭曲了現實，找不到跟外界對話的頻道。

老精靈有最柔軟的心，能穿透堅強的偽裝，聆聽公主想說的秘密。公主想要有其他顏色的頭髮，公主覺得自己唱歌不好聽，公主很想被呵護、被愛惜，公主很寂寞，沒有人要跟公主一起玩。

在老精靈的微笑裡，公主卸下了長久的偽裝，身體輕盈了起來，於是，開始跳舞。那樣美好的舞步，讓老精靈也陶醉……

只是，黃昏了，公主得要離開即將陷入黑暗的森林，在公主眼眶裡的淚，是不捨，也是解脫。

最完美的人物，只存在於想像裡。

友伴關係，是任何深厚關係要持久的必要條件之一。

我想到另外一個孩子，我也是他的第一個朋友。他被罵的時候，我也會跟著感覺到委屈，好像我是孩子，只是我是一個有成人般心智的孩子。

「我不知道我爲什麼這麼做？我不知道我這麼做爲什麼會被罵？我覺得我好委屈！」

我好像活在孩子的心裡面，聽到他心裡的聲音。因爲孩子的行爲，有許多是受到本能所驅動，因爲「本能」而被大人罵，特別是還未經多少社會化的孩子，自然是委屈。偏偏，孩子被罵的時候，常沒辦法理解大人話中的意思，或者，雖然知道其中的意思，但不知道該怎麼做，也還沒辦法控制自己的行爲。所以，就會反覆被罵，甚至被打。

在我的工作裡面，兩、三歲的孩子，被父母要求要「不貳過」的狀況，眞不少見。父母常抱怨：「爲什麼講過很多遍了，他還不聽？」

「因爲他只有兩、三歲！」我這麼回答。

我要站在孩子這邊說一句公道話，很多大人，也做不到「不貳過」。很多大人，明知不對的行爲，還是繼續做。然後，「不貳過」這麼高的標準，自己做不到，還拿來作爲處罰孩子的依據。

「第一次犯錯，我還會給他機會，但是一錯再錯，那就不應該了！」這是很多家長處罰孩子的時候，告訴我的話。我心裡常想，那萬一，是那個標準太高，孩子根本做不到，或者只有少數機會能做到，那是誰的問題？

像是，很多孩子被加碼處罰，是因爲他被罰站的時候，扭來扭去，甚至嘻嘻笑笑。唉……誰被罰站的時候，能像憲兵那樣，一動也不動？

我去中正紀念堂看憲兵的時候，他還是會動、會眨眼，只是幅度不大。大人的肌肉系統也許夠成熟能撐住自己的姿勢，但我們怎麼能要求小小孩也這樣？

自責剛剛好就好，其他心力拿來努力

孩子天生就是容易開心，用嘻笑來討好大人也是常見的策略（因爲他們沒有多少生存的武器），硬要孩子不能用笑來化解自己的不愉快與尷尬，其實不太人性。我了解，孩子被處罰時，家長要求的是態度，但要求的時候，不能不參考人性。

我很榮幸，是孩子的好朋友。但是我也很驚嚇，從孩子的眼中，看到成人世界許多莫名所以的可怕情緒，那種排山倒海而來，孩子們眞的不知道如何應付的情緒。

有時候，我跟年輕人互動的時候，也會撇開我身上的角色。我雖是臨床心理師，但回到還有誰要聽他講？」心理師接著說，「語言表達是一種練習，有表達才有機會進步，孩子也許衝動了點，但並不是每句話都沒道理……」

爸爸的眼鏡剛好反光，眼神難以捉摸，反映出諱莫如深的表情。

「不以人廢言，這是孔老夫子的話……」連心理師自己都嚇一跳，今天話怎麼這麼多？孔孟都出現了。「孩子不喜歡被碎碎念，碎念的效果也不好，不如，少說多聽，一聽到孩子有比較成熟的想法，就予以鼓勵！」

自己先改變，孩子也會跟著改變

對的多，錯的就少。成熟的多，不成熟的就少。如果能讓孩子有機會受到父母的肯定，那他會試著往成熟那邊靠攏。民主社會，民主教養，我們不同意孩子的講法，但我們可別忘了給孩子表達的機會，即便他的表達，目前還找不到最適當的語彙。

眞要追究，大人也不見得講話多有水準，打開電視就會知道。反而聽大人講話比較累，常要想這句話講出來，對他有什麼好處，跟電視台老闆的立場是對立或相符？有時都沒辦法相信，這句話是出於眞心的嗎？

爸爸是一位勇於面對自己的男性，「兒子只有一個」，這句話他聽了進去。他盡可能學習控制自己說話的長度，講過一次的話，確定孩子了解，就盡可能不再重複。常自我提醒，少講幾句，重點講完就學習等待、傾聽。爸爸剛開始肯定孩子想法的時候，非常彆扭，但是沒多久，就越來越自然。

孩子跟爸爸講話有成就感，自然更是滔滔不絕，但也因爲情緒相對穩定，選擇說出口的語彙也溫和一些。一段時間不見，年輕人見到了心理師，反省自己以前的種種，說自己像是「小屁孩」，大家都笑了！

雖然革命仍未完全成功，但爸爸、孩子繼續努力。爸爸也懂得追求自己的心靈成長，看書、聽演講、跟人討論親子教養。作爲帶動家庭改變的火車頭，這位爸爸，顯得活力十足，整個家庭的氣氛變得活潑。作爲爸爸也懂得觀念要變化，孩子的話也要聽，從善如流，生活更添樂趣。

眞正有影響力的人，是自己改變了，就會讓他人跟著改變。

爲人父母是一種服務業？

幸福，不是我們擁有了想要的全部，而是對於我們目前全部的擁有，感恩知足。偶然看到一抹彩虹、一路綠燈順暢通行，也値得歡喜珍惜。

在關係當中，粗分兩種狀況，美好的回憶、難過的回憶。那麼，美好的回憶是「本」，「本」如果厚實，不怕一時突來的衝突就消磨殆盡。解決關係裡的問題，很重要，但是繼續製造美好關係也很重要！

有時候，因爲關係裡面的美好，即使小問題依舊存在，依舊一直沒辦法解決，也能走著走著過了一生。

不怕衝突，平靜傳達要求

目前的服務業社會，好像把家庭裡的行爲服務化了。我們重視禮貌，所以孩子對大人講話要注意態度。教養也重視態度，跟孩子講話還要好言好語，忍不住大吼了可能還得道歉，這大概是上一代想像不到的事情。

不過，從身教來看，人天生有模仿跟認同的本能。如果做大人的，不希望自己的行為被孩子複製，確實要從管理自己的行為做起。

以前，當大人自己有不良好的行為，我最常聽到大人說：「這是錯誤示範，不要學！」與其在言語上，叫孩子不要學，不如直接從源頭處理，就是大人不要做這種行為。如果大人有心量這樣想，其實，改善自己的行為，那也是自我成長的重要關鍵。教養這種事，是最有利大人自己的修身養性。

所以，陪伴孩子的時間，也就是陪伴自己的時間。雖然花的時間多，得到的東西相當抽象與無形，但是如果我們能樂在其中，那就不算浪費時間。那快樂，還眞是世上難尋。

孩子是相對最不會記恨的一群人，所以親子有衝突，常常是大人自己先過不去。教養就是會有要求，有要求就難免有衝突，但是一致性的合理要求，是避免將來衝突的重要態度，大人如果怕衝突而不要求，那是甜在前頭、苦在後頭。

大人在要求的時候，是否能平靜地傳達合理要求的具體作為，是否能在面對孩子的抗議時，還能有條有理地分析此要求對孩子的好處，這很重要。

此外，大人要求孩子的時候，自己能不能做到？那是將來修復關係裂痕的重要伏筆。換句話說，如果換作孩子變成父母，他也會這樣做，那麼，孩子暫時的不高興、不適應，很可能還是會慢慢內化、被認同。

別一直在孩子的態度上挑毛病

我們愛孩子，也愛自己。愛自己是修復關係的起點，連自己的心都照顧不好，還要煩勞他人來照顧，自然更不容易。

我們常內省，常搞清楚自己不高興、發脾氣的原因，覺察得越快，很多衝突就越能先避免或先預防。

我們也常常研究孩子，好像心理學家那樣，那麼，我們會更清楚要求該如何傳達，孩子會更容易接受。像是對幼童來說，常搭配講故事的方式，傳達要求；大一點的孩子，可以用遊戲、比賽的方式，傳達要求；青少年以上的孩子，則要多援引法律、校規、專業知識，作爲討論的依據。

如同愛因斯坦所說：「如果你沒辦法簡單地解釋它，那表示你可能了解得不夠（If you can't explain it simply, you don't understand it well enough.）」

我常注意到有些父母一講話就會講一大篇，我眞正跟年輕人討論，滿常出現抓不到父母話中重點的現象，或者邏輯自相矛盾，內容不合常理。年輕人或許不夠敏感，但是父母沒辦法直接針對年輕人的疑惑回應也有關係。我常見到父母招架不住時，就用一大堆話來壓制，模糊焦點、情緒滿溢、兩敗俱傷，最後只剩下要求。

有時候，父母解釋得煩了，會直接丟下「沒有爲什麼，因爲我是你爸爸！」、「家人都是爲你好，外面的人說的話不要太相信」、「別講這些五四三，我小時候連講的機會都沒有」、「你這什麼態度，你不覺得你應該道歉嗎？」……之類的話。大人生氣，孩子受傷，常要冷戰一段時間。

有些年輕人正在使用他們的思辨能力，針對各種議題提出不同的看法，想進行各種不同的行爲實驗，我自己也常因爲跟他們對話而獲益。把年輕人的行爲都當成「叛逆」，常可能表示父母已經招數用盡，甚至思緒沒有孩子清晰，表達能力沒孩子流暢，於是慢慢累積雙方在關係中的不滿，最後一再衝突，也可能父母一再讓步。

對年輕人的態度，要展現對他們的信心，相信他們有能力反省及思考可能招致的後果，我們的角色更多是站在「引導」而不是「命令」他們的立場。眞的覺得自己講不過孩子，在觀念上常常轉不過來，就要多跟人討論、找人幫忙，別硬撐、別強詞奪理、別一直在年輕人的態度上挑毛病，那會讓衝突耗損關係的根本。

在衝突中，常比的是，誰對這份關係，更在乎？

用輸贏論關係，那實在不夠成熟。贏了衝突，輸了關係，那是我們眞正想要的嗎？

如果明知自己理虧，還爲了面子，要孩子認錯，那這樣的關係，眞的在孩子道歉之後，就算和好如初了嗎？孩子要壓住自己的情緒，迷迷糊糊的認錯，對孩子眞的好嗎？等到孩子越來越大，不會累積更多的忿恨嗎？自己的面子，眞的比孩子，還要更重要嗎？

在關係裡，兩個人要一起解決問題，那需要眞誠相待，把面子放旁邊，眞心擺中間。每個人都有些不足，坦承自己的脆弱與無奈，才能讓雙方都願意接納關係中的不完美。

說到底，哪有關係是完美的呢？要進入關係，其中一項功課，就是雙方要學習接納，接納從「我」變成「我們」，自己會經歷的種種調整，一味抗拒著，關係就難走下去。

當我們眞正愛著一個人，就會願意爲了關係而成長。當爲了愛一個人而成長，儘管過程苦澀，也可能關係終難再續，但一段時間過後，回過頭去再次品嚐時，常會變得甘甜。

你這什麼態度

孩子口氣不好，被爸爸處罰。媽媽在一旁，看大男人和小男人互不高興，問我，該怎麼處理？

我說，當孩子態度不好的時候，要把「態度」及「他想傳達的意思」分開來看。他想傳達的意思，可能是自己的想法，通常包含自己的情緒；態度，則是大人最介意的說話語氣，一般是認為有些不禮貌的地方。

換個方式講，他想傳達的意思，裡面有屬於孩子的情緒。大人在意的態度問題，通常是屬於大人的情緒。

如果，孩子講話的措辭不對，我們馬上說：「你這什麼態度？跟媽媽講話可以這樣嗎？這禮拜別想拿零用錢……」

上述這樣處理，可能有幾個壞處：

第一，孩子的意思沒辦法傳達到，更感覺到挫折，問題也沒解決。

第二，孩子的口氣可能更不好，眼神更添怒氣，表情更難看，因爲大人把情緒加在他身上，更加深孩子不被理解的挫折感。

第三，孩子學習到大人用情緒面對問題的方式，下一次遇到類似的情境，孩子可能帶著這次的情緒，加倍奉還。

我建議可以試著這麼處理，先弄清楚孩子的意思，再回過頭討論態度問題。

第一，先忍著自己的怒氣。「溝通」以聽清楚對方想要表達的意思爲要，弄清楚孩子的想法與情緒，或澄清、或同理。

第二，孩子的態度傷人，大人要清楚說明感受。到底孩子用了哪些字句，或者哪種語氣（通常是不耐煩的語氣），讓大人產生了何種感受？同樣的意思，孩子又應當使用什麼樣的字句表達，更能讓大人接受？

大人一生氣，就開始威脅孩子，不管是開始大聲，或者是要處罰孩子，都是一種示範——示範遇到問題，就先發脾氣，而不是好好談。我們要這樣想，大人比較成熟，先不跟孩子一般見識，態度問題要談，但放在後面談。

情緒上來時，我們依然不太被動搖，還有可能引導孩子的情緒走向穩定。可是，如果連我們大人的情緒都失守了，孩子的情緒，通常只會更明顯地向外對著大人，或者往內壓抑。不管孩子的情緒是向內或向外表現，都會讓孩子思考的能力降低，行爲劇本更沒有彈性。

我也不贊成大人因爲怕破壞跟孩子的關係，就只是聽孩子說，而不去管態度問題。在這時候當濫好人，對孩子其實沒好處。我不反對態度問題點到爲止的說，因爲孩子有時候受同儕與社會影響很大，一時控制不住也有可能，但大人不能都默不作聲。

我常很遺憾的聽到，親子之間爲了態度問題，糾纏不清，但語言想傳達的意思，反而被輕忽處理。不過，我眞的不認爲，每個大人的情緒控制一定都比孩子好，都比孩子懂得如何面對問題。

那麼，有自知之明，知道自己不太會處理「人」的問題，而懂得請別人幫忙處理，也需要智慧與勇氣。

生氣對生氣

孩子說：「我不會跟我爸分享任何事。我如果分享開心和驕傲的事，他就會嗤之以鼻；分享難過的事，他也不理我；分享生氣的事，他也會跟著生氣起來。所以，我不會跟我爸分享任何事！」

我跟媽媽確認，媽媽說：「因爲爸爸的個性，很容易激動，我還常要幫忙把它壓下來！」

坦白說，我替孩子跟他的爸爸感到惋惜。我相信爸爸有很好的人生經驗，可以跟孩子分享；孩子是一個陽光男孩，有許多有趣的想法與優點，很愛交朋友，如果爸爸願意，這男孩會是這個爸爸一輩子的良伴。

父母的角色不能忘，但我們更不能忘的是，「親子」從某個角度來說，是一同體驗人生遊戲的同行者。如果我們願意放下身段，這一輩子，孩子能教我們大人的，不見得比我們教他的少。

幾個孩子講到，有些人聽他們談生氣的事，也會以生氣來回應。如果用生氣對生氣，容易中斷話題，讓分享變成教訓。

我在某些溝通的情境，常體驗到面對容易生氣的事，有些人實在讓人沒辦法跟他談下去。因爲他沒辦法好好聽人說話，就急著不斷說著自己的話。

如果我們學不會好好傾聽，那麼，說的人無法把話說清楚，聽的人也聽不到所有的事。生氣的情緒常在互動的雙方間相互激盪，有時那會是一種生理反應，如果不認清，然後放下，任由情緒牽引擺盪，最後容易讓自己陷在情緒圍成的牆裡，跨不出去，別人也進不來。

給孩子的一封信

親愛的孩子：

如果我記得，在一天的結束，我會告訴你，「謝謝你陪我！」

每次上課，看著孩子們的人際關係，時而相聚，時而分離，有時候機緣巧合，朋友變敵人，一瞬而已。我看到的成人世界，何嘗不是如此？

所以，透過珍惜，讓我可以跟你多多靠近。在我們還能相互陪伴的每天，我都感恩上天給我這樣的幸運。

我的工作，讓我可以看到，親子甜蜜互動的賞味期限，有時候只到青少年期，快一點的，國小階段就開始親子衝突不斷。我知道人與人之間，沒有永遠會怎麼樣的這種道理。

珍惜，讓我度過了某些孤獨、恐懼。

你知道嗎，我們這個社會，常喜歡刻意美化或醜化很多事情，眞實的樣子，反而看不清。爲人父母，特別是爲人母，好像都得要「快樂地」迎接孩子的到來，孩子也總是帶來陽光和愛。但，是這樣嗎？

當然不是！

不少父母，根本還沒準備好，就當了父母。懷胎十月，夜不成眠，新手媽媽，育嬰哺乳，身弱心疲。有些媽媽進入了產後的憂鬱，特別孩子不明原因地哭鬧，那種絕望無助，好像永遠不會停止，甚至整個家庭從此走不出逆境。

你小的時候，半夜哭鬧。我知道你痛苦，我也無能爲力，只能讓你趴在肩頭，輕拍著想讓你安睡。我忘記我請了多少神明，我只希望，如果可以，我替你痛，加倍在我身上也沒關係。好幾個夜，都是這樣過的，我們彼此都在痛苦煎熬中學習。

所以，我學會珍惜，讓自己好過。我刻意記住我們之間的小確幸，來讓自己抵禦偶有的寒心無力。

你從小就很有個性，有一陣子，我也很難預測你的情緒什麼時候高、什麼時候低？還好，我的工作教我很多，你越是鬧脾氣，我越是冷靜。冷靜才能看清，看清你是因爲捨不得我們要分離，所以你的情緒是你唯一的武器，是你不知如何是好的抗議。

所以我常常告訴你，看不見你的時候，我都很想你。想你，也痛苦、也甜蜜，有時候因爲見不到你而傷心，有時候因爲下班就快要見到你而感覺渾身是勁。我知道，這種強大拉扯的力量，恐怕是源自我最深最深的心底，那種我想保護你，希望你健康快樂的心情。

但是我的工作也告訴我，「愛」要變成「礙」，只有一線之間的距離。

我不會以我付出了什麼，也不會以我是你爸爸，就要求你要跟我靠近。硬要把你綁在一起，那只是爲了讓我個人安心。這一切，我心甘情願，我可以告訴你，我做過跟你有關的許多事情，但是要不要靠近，我完全交給你決定。

我的付出，不會因爲你長大的可能否定，就會歸零。你終究可能會離我而遠去，那也合情合理。我的責任，就是要把你送到讓你幸福的地方去，即使我不在那裡。我很清楚，種種努力，是我自己的決定，不完全跟你有關係。

我當然不想跟你疏離，但是如果眞有那一天，你放心，我會學習照顧我自己。我現在就盡可能吃得健康，沒事就別熬夜去休息，等那一天來臨，我會堆滿微笑歡喜，鼓勵你勇敢往前進，讓你別掛心。不過，如果你失意，爸爸這裡，隨時歡迎你。

人與人之間的關係，時機來了要懂得珍惜，時機到了要斷然捨離，這樣才會保持關係的美麗。我是凡人，我怕我自己不知道什麼時候該放、該離？所以我現在能做的，只有珍惜。

孩子，「謝謝你今天陪我，我很開心！」

爸爸

或許，父母給我們的愛，我們給孩子的愛，
有深有淺，有困惑有妥協，
很多愛的表達方式當下難以理解，
但，再怎麼說，比上雖不足，比下卻是綽綽有餘。

窺探家庭的窗

孩子常是窺探家庭的窗，他們不像大人那般遮掩。我透過他們，看到許多不同家庭的樣貌。雖然很多大人都說孩子會亂講話，可是，我常感覺到，孩子更不懂得修飾與僞裝，整體的意象有時會比大人描繪得更清楚。

「我爸小時候還叫我去送毒品！後來我還被警察抓走！」他無奈地說。

爸爸已經過世了，所以他跟著奶奶住，媽媽也吸毒，常進出監獄。奶奶不喜歡媽媽，覺得她是掃把星，認爲是她帶壞爸爸，還剋死爸爸，讓爸爸年紀輕輕就因爲癌症過世。

奶奶有躁鬱症，他回家常挨罵，各種難聽的話都被罵過，因爲奶奶不喜歡他，覺得他是麻煩。奶奶不願意看醫生，也沒服藥，罵了他心情也沒比較好，但還是繼續罵。

媽媽這次回來，在大賣場找到工作。但是因爲媽媽常不在，所以也很少管他，關係疏遠，也不知道該如何面對他。偶爾，會帶些東西回來跟他一起吃，這是他記憶中少數溫暖的時光，雖然聊不上什麼。而且，媽媽回來，奶奶就會把管教權給媽媽，奶奶就會少說一點，他就會覺得溫暖一點。

「可是，也不知道她什麼時候會再進去（監獄）！」他表現出淡淡的擔憂，彷彿這擔憂演練過許多次，最後台詞裡只帶著一點點剩下的情緒。

他偶爾也去外婆家，是被逼著不得不去的那種狀況。他常覺得自己是外人，也被外婆罵，晚上罵太大聲，鄰居還會打電話報警，警察來，外婆就裝可憐，說一切都是他太壞。

「是因爲她先罵我，我才對她罵三字經，如果她不是我阿嬤，我就把她砍下去！」說出這種一般人聽到都會驚嚇的話，他的情緒倒是異常平靜，聽得出來有點生氣，但這生氣，不成比例地淡，好像這些話是理所當然。

「家」對他而言，到底是什麼？我想，他自己也不清楚。家的意象非常模糊，甚至破碎，但他又沒地方去，不得不回家。回了家，心情也常不好，好像這一輩子，都好不起來一樣。

他在學校是孤獨一匹狼，常說謊、罵髒話，雖然常威脅要打架，但很少真的動手。偶爾逃學，也不知道要到哪裡閒晃。他的年紀才國中，很多事都做不了。

「眞羨慕表姊，現在就開始賺錢了！」

他的表姊年紀也沒大他多少，已經開始上網援交，有些收入。他也想賺錢，國中畢業就不想念書，但是完全不知道未來要做什麼？以他的年紀，大部分能賺錢的事也沒有人會想找他。

他勉強算是有個好朋友，以前一起回家的路上會聊天，但是自從他的好友放學就得直接去教會，他就連聊天的機會都不太有了。

比上不足，比下有餘，試著珍惜感恩

我的工作偶爾就會遇到這樣的兒童或青少年，家庭功能不彰，能幫的就是一些小事，聽聽他的心聲，只能救救一時，根本不敢想或沒辦法想一、兩年後的事。他沒有穩定的環境，很少有被愛的感受，功課也沒有多好，情緒起伏又特別大，行爲極待調整，沒有榜樣。

爸爸曾經背叛他，外婆、奶奶從小就批評他，媽媽常常不在身旁。我不知道，這個孩子的將來還能有什麼寄望？

說實在話，他個性的養成，也不短的時間了，這並非他個人所願，但顯然，以目前的他，想要找人輔導幫忙，那輔導者要花很長時間、很有技巧、本身挫折容忍度也要很大才行。而且，在精神上要先堅強到能對抗對他相當不友善的奶奶，那位理論上對他影響最大的角色。

我又想到另一個家庭，這個家庭，除了媽媽之外，其他的三人，爸爸與一對姊弟，都有心理疾病。家裡成天就是鬧哄哄，敵意滿天飛，媽媽從大陸嫁來台灣，一直苦撐著這個家。

姊姊抱怨媽媽偏愛弟弟，媽媽喊冤，說自己能給姊姊的都不會小氣。姊姊抓狂時會去撞牆，在學校、在家裡，都沒辦法讓旁人好過。

我最常接觸的是中產階級以上的家庭，偶爾外出甚至出國旅遊是常態，親子衝突相對照起來，常不是什麼太嚴重的事。只要孩子願意升學，經濟上供養孩子上大學都沒有太大的困難。

對照窮病困苦的家庭，他們連「活下來」都要花費很大的力氣，教養可能是奢談，父母能照顧好自己就算了不起。家裡的情緒團，常是一團混亂，一直處於漂浮狀態的安全感，始終找不到寧靜的土壤扎根。社工朋友花了很多時間，但需要被幫助的人太多，能投入的資源又有限。

我想，有能力閱讀這篇文章到最後的人，都可以試著珍惜與感恩。或許，父母給我們的愛，我們給孩子的愛，有深有淺，有困惑有妥協，很多愛的表達方式當下難以理解，但，再怎麼說，比上雖不足，比下卻是綽綽有餘。

我們的父母沒有想像中那麼壞；我們的孩子沒有想像中那麼糟；我們的生活，雖然充滿抱怨，但是相對來說，活下去，還算是付出努力就不至於困難的事情。別用想像把我們自己逼到牆角，然後以爲是絕境，試著把自己放開，視野也可以慢慢精彩。

同性之愛

當我們愛一個人，除了希望他成爲我們要的樣子，我們也可以試著愛他原來的樣子。因爲他原來的樣子，常是他能夠扮演到最好的狀態。

不過，現實其實很難如此。特別是當父母知道自己孩子喜愛的對象，是同性的時候。有時候，不見得純然是愛情，大部分參雜著許多友誼，而這種深度的友誼，剛好異性難以取代。

社會上，部分由於宗教的因素，對於同性之愛，常有相當不同的看法。一個人成長到青少年，特別是男性，常有明顯的同性戀恐懼，深怕被歸類爲同性戀，這會造成人際關係上的負面影響。因此，喜歡同性的情感，就很容易被壓抑，連接納自己，都有些困難。

然而，從有歷史以來，同性之愛，並不奇怪。以現代的社會來說，不管法律是不是給予正式的地位，同性伴侶，如同異性戀婚姻般存在的狀況，其實在身邊還是可以看見。

曾有網友詢問，自己的孩子出櫃了，該怎麼辦？似乎在想著如何「導正」他。我請家長試著接納，因爲，他的孩子才是最辛苦的那個人。他要接納自己，就要花上不少時間，如果家人再給他壓力，他心裡的糾結更是難以解開。

爲了性取向的事情，親子常衝突、少見面或不見面，是常有的事。比起性取向，其實親子之間的關係更重要，顧此失彼，常得不償失。

根據我淺薄的知識，性取向從小就有跡可循，到青少年就會比較清楚地浮上檯面。在大部分的狀況下，性取向並不是自己的「選擇」，比較像是先天大腦的設定。

此外，同性的相處，很多時候要從友誼來談。粗略來說，女性的心情，通常是女性比男性更容易懂；男性之間也有所謂的 men's talk，其中的話題女性不見得有興趣。所以，同性相處有時候會比跟異性相處自在，這不難想像。

愛他原來的樣子

很久以前，我認識一位成年的大學女生，在離家上大學之後，因爲在網路上聊得來，就搬去跟一位大她十多歲的單身女性同居。根據家長的說法，兩者有發生性行爲。大學女生被家長帶到醫院，希望能讓她「被矯正」，還聲稱那位網路上認識的女性騙了她女兒，雖然，我沒聽出到底騙了什麼。

坦白說，媽媽的擔憂全寫在臉上，看了令人著實不忍。我要求單獨跟她女兒聊聊，她女兒也坦承媽媽所說的部分是事實，但仍表示會繼續跟對方同居，因爲相處得很愉快。

說實在話，成年子女的行爲，她要爲自己負責任。她自己想得很清楚，就是當好朋友一樣相處，也不覺得一定是談戀愛，更沒想到終身伴侶之類的事。我跟她討論家長的擔心，她了解，但也無可奈何，知道會展開一場長期抗戰。

當時，我只能陪伴這個家庭很短的時間。我轉告媽媽，女兒是抱持著什麼樣的想法，她也確實經過一番長考，成年子女有權力追求自己的幸福，現階段以保持住親子關係爲要，往後才有機會在孩子身旁守護。媽媽依然帶著擔心走了，我也不認爲我短短幾句話能緩解媽媽的心急如焚，畢竟，以媽媽那一代的價值觀來說，這眞是太過震撼的事了。

我認識一些同性伴侶，即使經過了幾年，依然能相互照顧，甚至公開出席對方親屬之間的重要場合。我感覺現在的資訊發達，即使是長輩，也多能認清，屬於一個人的幸福，要由他自己去認定，傳宗接代再也不是最重要的前提，痛苦的婚姻對孩子也沒太大的好處。

對於同性婚姻是不是該合法化，這個社會有正反兩方的看法，各有支持與反對的團體。我對這個問題的了解並不深，我沒辦法表達我的立場。但是，同性同居，共同照顧孩子，我看過些案例。

有些孩子需要調適，特別是處於青少年階段的孩子。他不知道怎麼接納現狀，也不知道如何跟媽媽的同性伴侶相處，角色實在尷尬。有些孩子，則因爲同性伴侶的協助，在社會支持與照顧上，多一些周全與妥貼。

其實，就像在一般的家庭裡面一樣，也會有親子溝通問題。只是，由同性伴侶組成的家庭，他們多了些社會壓力，也有不知如何解釋的情緒在裡面。從孩子健康成長的角度來談，我期待社會能給予多一些諒解與了解，了解即使這樣很少見的狀況，孩子還有其他大人，都有機會享受他們自己所認定的愛。如果社會能多些包容，在這種環境下成長的孩子，也會以更強健的身心狀態回饋社會。

我是一個心理專業人員，特別是面對孩子，我關心的，就是如何讓他們能在面對生活的時候，少一些讓他們不知所措的痛苦與寂寞。

我衷心期待每個孩子，都能享受到身邊大人的關懷與愛，至於大人們的性別，不是我最關心的重點。

不一樣的家人

當我們的船，在暴風雨中載浮載沉，那一刻，我們被迫丟棄一些不必要的物品，我們會丟棄什麼？又留下什麼？

也許，我們該丟棄阻礙我們前進的負面能量，留下確保我們生存的必需。也許，在被逼到牆角，沒有退路的抉擇時刻，我們終於知道該放下什麼，然後決絕地放下了它！

很久以前，我認識一位非常疼愛孩子的爸爸，因爲太太常對孩子家暴，打巴掌可以打到孩子流鼻血。爸爸因此帶著孩子離開婚姻，艱苦地過日子。

不過，也有爲了追求家庭更美好生活的雙薪父母，選擇請外傭阿姨來照顧孩子的例子。

「我們還有放不下的事要做！」一位爸爸這樣對我說。

我無意責怪很少陪伴孩子的父母，因爲，從某個角度來說，可能有其不得已。成功的企業家，不表示就能成爲一個成功的父親或母親。有些企業家不太有耐心，也不太容許失敗，這兩個狀況放在親子關係上，容易導致親子間的衝突與僵局。

不會帶孩子，所以很少陪伴孩子；很少陪伴孩子，所以不會帶孩子。這兩點，互爲因果。

他們寧可發展他們的強項，至於孩子，就請外傭阿姨來帶。說實在話，有時候外傭阿姨還更能與孩子交心。在我的工作領域，跟不少外傭阿姨互動過。有些跟孩子有關的事，父母不清楚，外傭阿姨卻可以如數家珍。

我碰過非常少數的外傭阿姨，也許年輕不懂事，管教孩子的時候會動手；大部分的狀況下，會偏向過度保護與寵愛那邊，因爲這樣的方式，或許比較能確保她們能繼續留下來工作。

所以，我聽過非常令人感動的故事，也聽過傷心的情節。

寧可少一點物質，自己陪伴孩子

有一位外傭阿姨，本身在家鄉就已經是媽媽，所以很懂得孩子的心理。受雇到台灣，不但像家事達人一樣，把家打理得井然有序，更是從小陪伴孩子長大，孩子對她言聽計從，也很受大家的倚重。

當外傭阿姨時間一到，不得不回鄉，台灣的雇主還是想方設法把她請回來，繼續陪伴孩子。所以，她一路陪孩子長到青少年，才功成身退。

「她就像我們的家人一樣！」家裡的媽媽說。

不管對方的種族與身分，我們相互尊重，禮尚往來。只要對方來到我們的家裡，我們在情感上都接納與包容，那麼我們就有可能多一個家人，而不只是傭人。

然而，外傭阿姨也有自己的人生，隨著時間的流轉，跟雇主的家庭交織在一起。

另一位外傭阿姨也像是雇主家庭裡的家人，更是孩子心裡的依靠。某次，外傭阿姨說需要回鄉一趟，幾日便回來。沒想到，一個禮拜過去，久久不見蹤影，也連絡不上。打開外傭阿姨的房間，沒有任何她的東西留下，便猜測她早就預計不回台灣，也許是不知道如何說再見，也或許，家鄉發生了不方便開口的事，外傭阿姨也有自己的人生要面對。

以這個家庭來說，調適就不是那麼容易的事了。孩子失去了依附的對象，已經幾個月了，半夜想到外傭阿姨還是會哭，行為舉止開始變得不太穩定。媽媽突然要接掌全然的媽媽角色，一下子她也不知如何是好，孩子這時的情緒又正在起起伏伏，所以動輒對孩子吼叫打罵，她其實也很苦惱。

我曾經跟一位年輕的外傭阿姨，高頻率相處約半年的時間，所以多多少少能揣摩一點她們的心情。這位外傭阿姨是爲了籌措結婚基金，才離鄉幫傭，因爲年輕心性，喜歡往故鄉打電話，又因爲講話控制不住音量，偶爾被責罵。

她本身沒什麼帶孩子的經驗，中文也不熟，所以孩子玩，她常常只能在旁邊看，夾雜幾句英文。她遇到了困難，又沒有什麼人可以請教，我就成了她的學習對象。那一陣子，我跟外傭阿姨一起陪著孩子玩，孩子的進步很快。

只是，雇主家庭似乎認爲外傭阿姨的中文不好，是造成孩子語言遲緩的原因之一，所以她在孩子的進步剛在起步的階段，就被辭退了。關於這點，我有些遺憾，因爲她似乎很有心學習，不過，這種工作本來就不是穩定的職缺，也只能祝福她，希望她未來的婚姻美滿。

把外傭阿姨當家人的論調，有些家長認爲我想得太簡單了。譬如，一位家長提到，「對她好，她就會在家翹著腳看電視，還吃東西，拜託她做事，還要三催四請。」言下之意，是當家人不可能，就是當傭人看待。

其實，如果勞雇關係清楚，無法當成家人，但彼此尊重，做好各自的事，我也覺得沒什麼不可以。只是，偶爾看到電視新聞報導外傭阿姨被虐，甚至被雇主性侵的新聞，就感覺心裡很難過。這樣的家庭，用這種相當不友善的方式對待外傭阿姨，只會讓家庭的動力更混亂，對家裡一點好處都沒有。

回到原點，如果拚命工作，是爲了未來美好的家庭生活景象，那麼，我的經驗是，寧可少一點物質，孩子由自己陪伴，我們會比較了解孩子，關係也比較親近。

但是如果是爲了父母自己的自我實現，眞有不得已之處，那麼，照顧孩子作爲專責工作之一的外傭阿姨，她在孩子的心裡就會自然而然成爲家人，誰也難以改變。雇主能善待，外傭阿姨能自重，那麼正面的能量就會擴大。

家人的重點，不完全在血緣，而是彼此的情感牽扯與交流。祝福大家都能結善緣，多一位不一樣的家人，好過一位我們得要處處小心提防的外人。

愛被逼得那麼緊

我曾遇過一位中年媽媽，個性溫和，與人無爭，她的一生都奉獻給丈夫和兒女，不太有自我，也不敢有自我。

她最大的煩惱是孩子，她每天的生活就是圍繞著孩子和先生，煮飯、洗衣、整理家務，爲生計煩惱，爲家庭努力，是很傳統又很偉大的女性。

某天，她告訴我她的煩惱。她說女兒剛北上念大學，才大一就交了男朋友，而她這個女兒因爲從小家裡管很嚴，爸媽也希望孩子以課業爲重，所以從來沒有交過男朋友，她很怕孩子會被欺騙感情，煩惱的吃也吃不好，睡也睡不著，還爲了阻止女兒的戀情，母女關係降到冰點。

我問了這位媽媽，她是怎樣阻止女兒的戀情？她說，女兒因爲沒有手機，所以第一次放長假回家，她常常覺得女兒好像都會偷打長途電話給男友，後來，也的確證實是這樣，媽媽就罵了女兒，女兒氣極了。

後來，女兒索性不用家裡的電話打了，但她每天都會找理由要出門辦事情或買東西，對照先前女兒很少出門，所以媽媽猜測她應該是要外出打電話給男友。

有一天，她實在好奇，就偷偷跟在女兒身後，果然，被她發現女兒在打公用電話，這次，她沒有當眾說破，就默默回家。待女兒回到家後，她不經意地問女兒去哪了，女兒說了外出的地方，但自己還是沉不住氣，說了自己跟蹤女兒的事情，還罵了她一頓，女兒氣哭了，埋怨媽媽不通情理，硬要拆散自己的戀情。

媽媽說著說著，我在一旁聽得冷汗直流。媽媽說，天高皇帝遠，孩子離開自己視線後，她也管不著，只能乾著急，說了孩子幾句，也是出於關心，難道媽媽會害自己的小孩嗎?!

這位媽媽說的一把鼻涕一把眼淚的，句句在情在理，看得出是很關心孩子的媽媽，但是，重點就出在太過關心。

以愛之名，逼得太緊!

試想，孩子從小被管得緊，但對男女之情不是沒有好奇心，只是暫時被壓抑下來而已。

離開家長的羽翼保護，課業不再是唯一優先考量，很多事情都要重頭學起，包括生活自理、兩性情感、人際互動等等，加上一個人在外地生活，有人關心照料，陷入熱戀，也不是沒有可能。

我安慰媽媽，請她先同理孩子的心情，可以的話，先聽聽她的說法，不要急著打斷，不要急著否定，就只是聽。待孩子說完，也請孩子聽聽你的感覺，你的擔心和焦慮到底有那些？你們協調出一個彼此可以接受的方式，甚至，她如果願意帶男友回家，讓你看看，也是很棒的！但切記，不要當著她的面，對男友評頭論足，讓彼此都下不了台。

媽媽問：「如果我看了以後，很不滿意呢？我拆散她們，我女兒一定會抓狂！」媽媽憂心地說。

我問媽媽，你能一輩子保護妳的女兒，永遠代她做決定，不讓她接受一絲絲挫折，能永遠呵護她嗎？媽媽沉默。

放手讓孩子飛，隨牽引返回

人際互動，不可能永遠沒有挫折。兩性交往，即便順利走入婚姻，也未必順遂！我們都是在互動過程中，慢慢調整彼此的腳步，讓自己、讓對方都在這過程中成爲更好的人。傷心、難過在所難免，快樂、甜蜜也不會都沒有，重點是過程，而不是結果。

我們做父母的，當孩子大了，就只能在旁邊提醒、陪伴，不能強求代她過她的人生，因爲，每個人都有她自己的人生，就算是媽媽，也是！

我建議媽媽可以調整一下自己的生活重心，將重心從孩子、先生身上，挪部份給自己，去學些才藝，或是重新接觸自己以前喜歡的東西，不管是運動、手工、學習都好，只要讓自己快樂、有目標的事情都行。如果這些事情，是可以和先生共同去做的，更好。

少年夫妻老來伴，中老年以後的人生，也可以很精采，要爲自己活，該放下的要放下。牽掛孩子，可以讓孩子知道，不管發生甚麼，你都在她身邊，她只要累了，都有地方停泊，有人分擔，有人分享。

這樣，親子關係不會越來越遠，在手上的風箏線，不會斷了，還能隨著你的放手，越飛越高，也能隨著你的牽引，順利返回。

媽媽好像有點懂了，她說，雖然有點難，但爲了親子關係，她會努力的試試看。我很開心，因我不是專家，我也在學習，但我把自己想像成她的女兒，試著想「我希望媽媽怎樣對待我？」，也想像媽媽的心情。希望，能取得平衡，提出比較可行的建議。

家家有本難念的經，但，即使難念，也要努力、嘗試調整；即使不能皆大歡喜，至少不要怒目相對。

別考驗一個人慾望的深度

我記得以前聽過一位朋友說：「我要給我女兒最好的！」很多父母難免曾有過這樣的想法，我也不例外。可是，我清楚知道，這樣的想法，愛之可能害之，需要相當謹慎。

如果想給的是物質層面，那麼我們很清楚，慾壑難填。最近一則新聞，兩歲的女孩即擁有私人飛機，穿戴皆名牌，引起大眾相當多的討論。

不過，即使在心靈層面，我們也當視狀況有所節制。

譬如，我認識一位女性朋友，聰明又美麗。她很有條件，能夠讓身邊的男性友人，被她呼來喚去。所以，她希望另一半能夠對她毫無保留地付出，除了物質之外，還要包括時間、情感、精神、體力……。

高標準的物質條件先不談，她希望男友可以當司機，載她到處去，並且盡可能隨傳隨到；外出旅遊，即便男友開車疲憊，而她已經先休息過，精神飽足，也不讓男友休息，因爲她怕無聊，所以要男友陪她逛街；只要男友跟其他女性說話，她也要通盤了解談話內容，甚至不許男友抱怨。

聽她的說法，前後任幾位男友剛開始皆願意配合。但是，套句她的說法，會有「試用期」，只要男友的配合度開始降低之後，「分手」兩個字就容易從她口中說出。男友耐力如果夠，求求她，感情能再延續久一點。但是，最後還是沒有人能通過她的考驗。

她的父母教養她的時候，遵循古訓，「窮養兒子，富養女」。由於是獨生女，掌上明珠，在學業表現上又高人一等，所以，養成她對另一半有高標準的期待，並不讓人意外。

她的愛情哲學之一，就是常見的名言，「如果他眞的在乎你，不管怎麼樣，就是會找到時間來見你！」

我從她的邏輯中推想，那這位理想的夢中情人，要很有錢、有閒，而這並非不可能，富二代就有機會。可是，如果又要忠誠度與配合度皆高，那大概只有跟自己談戀愛，可以做得到。

給愛不浮濫，但求適當

我曾經跟年輕人討論，人與人之間，有可能出現無條件的愛嗎？年輕人回答，父母對孩子應該能夠做到。我進一步舉出了極端的例子，孩子要求父母要把養老金全數拿出來，供他花用，這有父母可以做到嗎？年輕人回答，大概很少吧！

更別說，社會新聞中，孩子因爲要不到錢，就傷害父母、長輩的遺憾了。無條件地愛與被愛，那是種理想。

要對另一個人傾盡我們的所有，這是情到濃時容易出現的承諾。可是，一個人要盡全力把自己的身心靈照顧好，就已經不容易了，怎麼可能再滿足另一個人的種種需求?!

此外，照顧人的基本前提，是我們懂得把自己照顧好。犧牲自己，來保全他人，這有限度，而且不長久。

別考驗一個人慾望的深度，如果我們想要盡可能滿足對方，對方很有可能會不斷測試我們的底限，即使對方根本不需要。這就是人性，不完全是惡意。當我們在筋疲力盡之後，終於看破了這點，很有可能連關係的本質都會傷到，反而是賠了夫人又折兵。

我們失去了原本深愛的關係，對方則失去了很願意爲他付出的人。

很多人都希望被寵愛，但是偶爾爲之還可以，高頻率地寵愛，非常有可能被寵壞。一個人被寵壞，又沒有自覺，更不容易快樂，對自己實在沒有多少好處。

人與人之間，是有界限的。即使親如家人，也不能隨意侵犯家人的隱私，不能隨意進行身體上讓人不舒服的碰觸。每個人都有秘密，每個人都有一個健康的空間，在裡面喘息反省。

當一個人該有的私我空間，都給了他人，對大家都沒好處。有時候，是透過身心疾病，或者情緒的爆發，一次討回來。

當深愛一個人的時候，獨占與排他的慾望，在不被察覺的情況下，常有破壞性的力量。像是母子連結強烈，常會把爸爸的角色邊緣化；或者，當媽媽深愛孩子，但是孩子愛爸爸勝於媽媽，妒忌就會出來破壞父子關係。

這就是爲什麼，即使愛一個人，處在這樣正面的情感，頭腦都要保持清醒，心緒常要沉澱內省的原因。

我會給我的孩子許多愛，但我盡可能不浮濫；我沒辦法給我的孩子最好的，我只能盡可能給他適當的。

希望大家能愛得明白，不迷失自己，又享受關係。

學習自我對話的練習

家庭裡，一個人可能同時扮演不同的角色，是媽媽又是媳婦，是兒子同時又是爸爸，是孫女也是姐姐……。不同角色擔負不同的任務與責任，有時候角色與角色間，也會有難以取捨的無奈，一如婆媳問題中，身兼丈夫與兒子角色的男性。

人在不同角色、關係與情境中轉換，難免會出現負面情緒，如果不方便對他人講，或者，不知道該怎麼講，我們就可以試著練習寫「情緒日記」，它是認知治療常使用的策略。

首先，我們可以使用表格的方式呈現下列主要項目，其次再逐一塡入表格中關於事件的相關內容：

	1	2	3	4	5	6	7
日期與時間	事件	類型與強度(0-100)	自動化思考	相信此自動化思考的程度(0-100)	幫對方想一個合理的理由	再評估你的自動化思考(0-100)	綜合考量3和5後的情緒與強度(0-100)
周一上午	婆婆當著孩子的面罵我。	生氣 100 困窘 70	婆婆一定是不喜歡我才故意這樣做的。	100	她身體剛好不舒服才沒顧到我的感受。	60	難過 50
周六中午	老公臨時要加班，原本答應我的約會被迫取消。	失望 90 生氣 70	老公居然不重視我們之間的約定，他一定是不愛我了。	100	他是被老闆叫去的，他也不願意，但他也無可奈何。	40	難過 30 釋懷 50

透過「情緒日記」的書寫，我們在過程中嘗試改變對事件和自我的觀點，也學習做出較合乎現實和正向的假設，幫助自己改變不良適應的思考模式，減輕情緒困擾。

另外，檢視「非理性信念」的有無，也是我們可以努力的方向之一，因爲這些信念也會造成我們的情緒波動。

心理學家Albert Ellis曾經整理過一些常見的非理性信念，例如：

1 每一個人絕對要獲得周圍人的喜愛與讚許。

2 個人是否有價值是看他是否全能，在每個環境中都有成就。

3 世界上有些人很邪惡，是壞人，因此就該對他們做嚴厲的譴責與懲罰。

4 當事情不如己意時，實在很可怕，很悲慘。

5 面對人生的艱困和責任實在不容易，不如逃避更好。

6 人的不愉快是由於外在因素所造成的，人無法控制自己的痛苦和困擾。

7 對於危險可怕的事物，人應該非常關心，要不斷的關注和思想，要隨時留意到可能會再發生。

8 一個人的過去影響他的現今，而且是不能改變的。

9 一個人總需要依賴他人，有一個較自己強的人來依附。

10 一個人應該關心他人的問題，也要爲他人的問題悲傷，難過。

11 人生每一個問題，總會有一個精確的答案，完美的解決方法，一旦得不到就會很痛苦。

當覺察到自己有這些「非理性信念」時，我們可以嘗試用下列幾個問句，來引導自己建設較爲合宜的想法，例如：

1 這樣想有用嗎？

2 繼續這樣做，對你的生活有什麼影響？

3 支持這項信念的證據在哪？

4 事情怎麼會因爲你希望那樣，就應該那樣？

5 除此之外，你的生活中就沒有其他可以令你滿足、高興的事嗎？

自我對話的時候，可以學著用「希望」和「喜歡」來代替「應該」和「必須」。最重要的是，要學習讓我們的思考更有彈性。如果我們努力過了，生活中的各種關係（夫妻、婆媳、親子等等）還是很緊張，也暫時無法改變，那就試著拉開距離，減少碰面的時間長度或機會，也是一種替代的方法。

我們要記得，情緒是會互相激化、彼此影響的。透過技巧的學習及心境的轉變，我們慢慢能將自己的情緒保持穩定，思考也相對有彈性，才有辦法幫助自己，也幫助他人。

＊本文中有關 Albert Ellis 非理性信念之相關內容，參考自 Windy Dryden《Invitation to Rational-Emotive Psychology》一書

3／家庭中的女性，還有男性

我不認為，在關係裡面可以用很輕鬆的方式來論斷對錯，尤其牽涉到情緒的事。關係常是一個願打、一個願挨，能忍受著過生活，偶爾發生一點點小小的美好，就足以持續。

家庭中的性別議題

華人社會，早期在家庭中的女性，強調的美德爲「三從四德」。「三從」爲：在家從父，出嫁從夫，夫死從子。「四德」爲：婦德、婦言、婦容、婦功，規範良家婦女應謹守品德、懂得言語分寸、端正容貌，以及學習治家之道。

雖然我們對於「新女性」（有經濟能力、自信、理性以及有企圖心的女性）圖像的描繪已經行之有年，但是目前實際在家庭中，女性仍然受到傳統價值的影響，在性別角色扮演上常有衝突與掙扎。

一個人可能兼具男性與女性特質

現今社會男女進入婚姻之後，大多是婦女配合先生的生活方式，做較大程度的調整與改變。社會賦予男性較大的權力，去決定有關家庭的事務，即使實際執行持家工作者主要爲女性。

以台灣爲例，職業婦女的比例已經超過四成，但近八成的家務責任依然落在女性身上。如果家有需要照顧的幼童與老人，主要照顧者仍大多是女性。所以，我們不難理解就業率與生育率的趨勢剛好相反，除了經濟因素、怕養不起小孩之外，擔心懷孕與育兒影響事業，也是重要原因。

在台灣，婚後會有四分之一的女性辭掉工作，但是等到孩子大一點，復職率在五成左右。因爲孩子長大了，開銷也大，本來爲了生養兒女從職業婦女變成家庭主婦，後來爲了負擔家計又得重新當上班族，角色變來變去，實在不容易。

台灣職業婦女的典型生活是，上班八個小時以上，下班後花五個小時照顧幼童與老人，然後處理家務一到兩個小時。難怪常有媽媽喊睡不飽，體力與心力都瀕臨失控。

如果順著這個脈絡，預設主要照顧者爲女性，來簡要地談男、女性的性別發展。男性在試圖區分自己跟主要照顧者、獨立而產生認同；女性是發展跟主要照顧者的連結，而達到認同。某些較爲刻板的家庭，則嚴格界定著男性與女性特質的發展。這在面對多元社會的挑戰，會產生問題。

對我來說，男性也可以喜歡女裝，女裝設計師也不乏男性，也可以有對女性穿搭敏感的男造型師，也可以有對女裝潮流有興趣的男性文字工作者。但我就認識有家長，不希望自己的孩子「太奇怪」，所以禁止孩子常上韓版女裝的網站，我鼓勵家長學習欣賞孩子的興趣，並期待家長能讓孩子的壓力藉此找到出口，家長以「現在他只需要好好讀書，會有什麼壓力？」來回應。

一個人可能兼具男性與女性特質，不只是參考自己的生理性別，也要參考自己面對什麼樣的挑戰。以單親爸爸來說，近年來比例超過四成，儘管育兒一般被視爲女性的工作，但單親爸爸也該學習跟孩子們維持良好的關係，以及適當向外求助。

男性也可能從小對家務事有興趣，然而，可能因爲過度寵愛，或者父母希望孩子專心唸書，或者是父母本身對性別的偏見，所以「剝奪」了男孩子學習做家事的興趣，養成孩子認爲家事都該由女性來進行的觀念。近年來受到關注的男性媽寶問題，即與家長此種心態有關。男性不做家事，其實進一步會影響婚姻。家務繁雜，沒有做完的一天，只有更好，沒有最好，更別說是職業婦女了。

但是，根據研究調查，只要男性願意表達參與家務的意願，展現出對女性持家的體諒與尊重，便可以提升女性的家庭滿意度。套一句某位老媽媽對老爸爸說的話：「就算你只出一張『嘴』，說你要幫忙做（也不見得眞的要做），我做到死也甘願！」

家人的支持，有利於幫助孩子接納自己，完成自我認同

男性在面對霸凌事件的時候，似乎相較於女性，比較容易被鼓勵「以牙還牙」。我認同要學習自我保護，但是如果孩子以動手來反擊，通常會增加實務上處理霸凌的難度。像是一般的處理方式就是，如果兩個都有動手，那兩個都要處罰，容易讓本來被欺負的孩子，更加不平。不過，當社會要求男性強悍不懦弱之後，暴力行為能解決問題的印象，在社會化過程中就漸漸習得。

我還記得，有一位爸爸說：「我贊成讓他打回去！因為打回去之後，下次別人比較不敢動手。」

孩子是家長的，我在說完我的想法後，我也沒辦法干涉到家長的教養權。尤其人際關係不好的孩子，在面對霸凌者可能是成群結黨而來，動手反擊常遭致更嚴重的後果。

當男孩變成丈夫，或變成爸爸，就逐漸演變為家暴的議題。在台灣的統計中，男性為施暴者的比例一向多於女性，在情節較為嚴重的嚴重型家暴案例中，男性施暴者為女性的三倍。

曾經有位媽媽分享說，爸爸生氣時就會動手，只要大女兒不乖，爸爸動輒幾個巴掌。爸

爸的說法是：「不趁她還小，就把她壓到底，將來長大該怎麼辦？」因爲這位媽媽本身也是會被打罵的對象，所以即使相當困擾，也不敢多說什麼。

其實，在家庭中的男性也該被給予更多發展的空間，強調暴力與情感冷漠，實在不一定是現代典型男性的樣子。就像我們也該讓女性有機會，爭取成就與自主一樣。

一個較爲敏感，或者結交較多女性朋友的男孩子，容易被取笑爲「娘娘腔」，甚至是「同性戀」。一個喜歡運動，常中性打扮，講起話來兇巴巴的女孩子，可能被說成是「男人婆」或「女漢子」。我會建議爲了讓孩子在學校承受較小的情緒壓力，可以提升孩子的自覺，讓孩子知道他的言語與行爲所造成的結果，讓孩子自行決定是否該調整。

但是回到家之後，家人思考上的彈性與寬容非常重要。因爲家人的支持，才有辦法讓孩子度過這些社會的刻板印象與壓力，一點一滴接納自己，完成自我認同。讓一個孩子能夠從認同自己開始，才能更擴大其認同的範圍，如家庭、學校、社會……

一個人在不傷害他人的前提下，爲什麼不能用自己最舒服的姿態，去貢獻社會，去追求自己的幸福呢？

誰有教養權

當我看到「婆婆討厭我，快得憂鬱症」的文章標題，我的感觸不是普通的深。我的工作常要面對婆婆媽媽，阿嬤抱怨媳婦不會帶小孩，媽媽抱怨婆婆管太多，那是很常見的畫面。連最近外出吃飯，也會聽到隔壁桌一群婆婆聚在一起抱怨媳婦的言語。

即使到馬來西亞演講，也被問到婆媳相處的問題。這個古往今來，中外皆然的相處問題，在網路上也常見網友討論，我嘗試整理我的經驗，來談談三代教養的部分。

在我的工作領域，最常面對的，是教養權的問題。我常跟家長建議，親屬間的教養盡量一致，家長一聽到，有很大一部分會很快回應類似的話：「老人家很不喜歡小孩哭！只能盡量順著孩子」、「長輩會用不適當的話罵小孩，甚至打小孩」、「孩子平常是跟老人家相處，很沒有原則，我要教的時候很難教」……最後就會問我：「要怎樣跟老人家溝通？」

這眞是我最不會回答的問題，我常說：「老人家眞的很難溝通的話，你可以試著把我們專業人員說過的話，傳達給長輩，這樣你比較不會直接得罪長輩。有些時候長輩會因爲尊重專業人員，有些效果。找先生去講也很好，先生對他的父母較了解，可能會知道怎麼講比較不會破壞關係。但是如果都沒辦法，只好常找時間帶孩子出門，多找時間單獨陪孩子。」

有一次，一位媽媽聲淚俱下地描述他們家的狀況，希望在旁邊的先生願意聽她的意見，搬出去住。婆婆以前是老師，較早以前的老師帶班很有威嚴，打孩子是常見的處罰方式，所以孩子不乖，婆婆就希望媽媽打孩子，有時候婆婆還會自己動手。即使媽媽不願意，也只能在婆婆面前做做樣子，逼不得已只好打幾下，但事後會跟孩子道歉。

然而，公婆就住隔壁，如果孩子在房間鬧脾氣，聲音大一點，婆婆就會衝過來瞪媳婦，指責她不會教小孩，要她想辦法讓孩子安靜，婆婆還會借題發揮，跟親戚街坊說媳婦不孝。先生在一旁，不否認太太的說法，但是先生告訴我，他很重視孝順的觀念，因爲其他的兄弟都搬出去了，父親的身體又不好，所以他想留下來照顧老人家。

人的問題，就是這麼複雜。乍看之下好像沒有誰不對，偏偏都過得不是很愉快。

我也曾碰過婆婆帶孫子來評估，爸爸與媽媽陪同。評估的結果，是孩子有明顯的遲緩。

因爲主要照顧者是婆婆，所以我們都跟婆婆詢問孩子平時的狀況。媽媽的年紀明顯小爸爸很多，跟婆婆當然更是差了一大段。媽媽本來在一旁默不作聲，聽到評估結果後，就越哭越傷心。

爸爸抱著媽媽，我問：「妳還好嗎？」

媽媽一直搖頭，不說話，爸爸在旁邊好言安慰。因爲媽媽的工作地點比較遠，平常就很少有機會能跟孩子見面，而婆婆的言下之意，還是希望能夠由自己帶孫子，要媽媽繼續工作。說不定，媽媽很想要自己帶孩子？媽媽到最後還是沒開口，所以我們也不清楚。

也常有媽媽在教孩子的時候，婆婆在旁邊當隱形的靠山。孩子一哭鬧，婆婆就把孩子叫過去：「阿嬤惜，不要哭！」然後，接下來可能就是給糖果，或是買玩具，或者順著孫子，要博取孫子的喜歡，卻讓媽媽管不下去。

有時候，是因爲孩子小時候都給婆婆帶，所以媽媽管教孩子的時候，好像在責怪婆婆沒把孩子帶好，自然造成婆婆心裡的不快。有時候是婆婆希望得到尊重，教養權的爭奪就變成了戰場之一。

互相尊重，並隨著時間學會放手與溝通

然後，現代的婆婆，告訴我的，又常是另外一番風景。

隔代教養是現在很普遍的現象，所以，年輕人不想帶小孩的狀況，也讓長輩很苦惱。幫忙帶小孩，年輕一輩意見又很多，當長輩的實在很委屈。老人家身體不好，但是又怕不幫忙帶小孩，就沒人理他們了，也怕看不到孫子。希望減輕年輕人的負擔，但是以前當老人可以享的清福，現在都不敢想了，退休了還更累。我認識有阿嬤級的長輩，內、外孫一次加起來要帶兩、三個孩子，這換做年輕人，一樣叫苦連天。

有時候，幫忙帶小孩，年輕人還沒給保母錢，或者給得少，當阿公阿嬤的又不好意思要，那就會增加老人家一筆經濟開銷；或明明知道要常帶孫子出去走動，偏偏自己的體力不好，只能開著電視讓孫子看，他才能在家裡安靜下來，老人家也不知道該怎麼辦。我碰過阿公阿嬤一起帶孫子來評估，孫子有明顯的過動傾向，教養上有困難，但是年輕人也不知道什麼時候能帶回去，長輩只好咬牙撐著。

另外一種媽媽們會有的抱怨，就是老人家明顯重男輕女，好處都給男孩，被罵常有女孩

的份。這不但會造成女孩心理上的挫折，也會讓手足競爭加劇。媽媽身爲女性，特別能體會到女孩的苦，但面對這種僵固的觀念，又常常動搖不得，只好私底下多對女孩好一點，希望能稍稍彌補。

還有，每次過年過節，那是部分媽媽們的重大壓力來源。因爲有些婆婆會有明顯的雙重標準，有一種是，婆婆會希望自己的女兒回來，但是要求媳婦留下來。另一種是，希望兒子輕鬆別碰家務，甚至返家的女兒也不用幫忙，但是期待媳婦能一肩扛起所有家務，還要打理得井然有序。

當媽媽的壓力大，無暇管教子女，但是年節氣氛又不適合罵小孩，又有長輩護航，簡直是讓孩子在無政府狀態。回歸正常生活時，常要重新「整頓」孩子們的行爲規範，費力傷神。

另外，婆婆在孩子面前罵媽媽，讓媽媽很難堪，孩子很錯亂。婆婆常要找媽媽抱怨，一抱怨就是一大篇，嚴重排擠到照顧孩子與家務的時間；媽媽對長輩不尊重，連帶也讓孩子對長輩說話沒大沒小；媽媽爲了照顧長輩，忽略了孩子，讓孩子討厭家中長輩。如果再把外籍配偶的狀況一起談，也把父母離婚前後的過程加進來，那眞是談也談不完。

婆媳之間處得不愉快，做先生的也沒辦法置身事外。不過，我們都沒辦法一下子接受對方的成長背景，也沒辦法主導對方的生活，或者希望他人能彌補我們自己的缺憾，可是，我們該學會相互尊重，隨著時間，慢慢學會放手與溝通。

想當媽媽的女兒

自從目睹媽媽被家暴，躺在床上無力地因疼痛微微呻吟著，她的世界，就改變了。她是另一位心理師的當事人，我因爲擔任督導的關係，對她的困境有些了解。

心理師之間，有時候會有互相諮詢求改進的聚會，畢竟人都有盲點，心理師是人，自然也不例外。有些心理師會自行尋找更有經驗的前輩，有時候是同儕支持團體，有時候是學校、機構的安排，有時是專業訓練的工作坊……。

其中的細節不必詳談，不過，因爲督導的關係，我花了許多時間在思考這位當事人的過去與現在。心理師，有時會面臨一些尷尬的處境，就像是這次，一個剛畢業的男性心理師，正準備在職場上熱血闖蕩，卻要面對人生正在中年轉折，卻緊緊抓住過去不放的女性。彼此人生階段與社會經驗的落差，沒有大量的內省，助人者可能一起在關係拉鋸中糾結。

召喚自覺，學習信賴自己

一個助人者，在跟當事人建立關係的時候，常要問問自己。到底，我們是跟當事人開創了、產生了一個新的、和諧的、有效的關係？還是只是落入了另一個當事人不斷重複、無效又困擾的迴路裡？

人會遇到的苦難，這麼多種，一個人一輩子，也不可能各種苦難都要遭遇過，才能考執照開始治療輔導工作。那麼，該怎麼幫助當事人？該如何回應自己的不足？該如何陪著當事人摸索，又能在自己正緊張的情況下，同時穩住對方的焦慮？

可能的答案是，回到苦難的根本，人心運作的法則。在共通的核心，召喚自覺，學習信賴自己。心理師則要減少對完美的執著，以當事人爲師，讓自己多年的訓練，成爲利人的工具。

大學四年，研究所至少三年的心理師訓練，學的不僅僅是跟人有關的知識。更重要的是，我們還要學習如何去了解一個人，不管是從科學的角度，或是從臨床的角度。了解一個人，那得把助人者自己涵納進去，否則，理論歸理論，少了助人者本身的反芻與詮釋，那講出來的話，就像背教科書那樣沒有溫度了。

然後，因爲門派各異，所以我們不得不回到助人的基礎，也就是治療關係，搭建起舞台。我們要演出好的對手戲，那麼，我們得要先有相對堅實的自己。否則，過多的情緒衝上來，助人者眼前一花，只看得見自己，就只能演出獨角戲，讓另一個演員更加迷惑。

那麼，把情境類比，來談的當事人，是不是也能懂得跟自己建立關係，建設相對堅實的自己？然後，學習鬆開手，讓過去的過去，多一點精力聚焦在此刻、當下？

沒有放手，怎麼成長？

當她看到了媽媽最脆弱無助的那一面，那一刻起，在青少年的末期，她變成了媽媽的媽媽，媽媽則變成女兒的女兒。好像兩位演員，一錯身，便有了心照不宣的默契，各自換了台詞，巧妙得讓觀眾不知不覺，甚至包括演員自己。

她離鄉背井念大學，最後得到實習單位主管的賞識，留在大都市討生活。她三不五時，就會打電話給媽媽：「吃了沒？」、「要多喝水！」、「早點睡！」、「注意安全！」、「小心一點！」……反倒是媽媽嫌煩、嫌她囉嗦，但是又眷戀她的關懷，還是要她每天打電話。

偶爾回鄉，她跟媽媽之間，各自藏著秘密，不想讓對方擔心，卻又感情無間，就像一般極其親暱的母女。但是，她不知道怎麼面對她的爸爸，她時而像女兒那樣，對爸爸撒嬌，但時而又像被家暴的太太，想逃之夭夭。於是，懷念的賞味期限一到，矛盾的壓力太滿，她就按時回到工作崗位，以為可以遠離她緊抓著不放的過去。

她從事行政職，做事常有自己的堅持。談過幾次戀愛，曾經論及婚嫁，但是最後莫名其妙不知道為什麼，男方不再提，就找個理由分手。這次戀愛，本來就不抱著太大希望，自己年紀也不小，剛過一枝花的年紀，早就不是婚配市場的主流。所以失戀了，就是心情不好，也不覺得真的承受不了。沒想到，恰好這時換了個新老闆，個性剛硬，動輒要求部屬在時限內交差，等於變相逼迫加班，她開始不適應。

經過醫師轉介，她抱著姑且一試的心態，開始跟心理師談，反正使用健保，費用她還能接受。剛開始，心理師使用認知行為的方式，幫她釐清對新老闆的「非理性信念」，所造成的不適應情緒。也學了些放鬆技巧，平常常寫日記，增加了運動時間。兩個月之後，狀況就開始好轉。她決定有了更好的選擇後，累積自己更多的籌碼，再離開目前的工作，而不是像之前就想著衝動性地離開，而不知未來在何處。

沒想到，媽媽因病突然需要開刀，她馬上請假回鄉，也沒辦法繼續治療。新老闆幾年前經歷喪母之痛，兩個禮拜的假，爽快地准了，讓她對新老闆刮目相看。

再回到治療室，她不復兩週前的自信。她發現，自己的媽媽，跟過去不一樣了，她跟媽媽有幾次不愉快的談話。雖然生病，但凡事可以自己動手的，媽媽總是想自己來，她怕媽媽弄到傷口，所以一直阻止。

媽媽說：「妳沒有放手，我怎麼成長？我也在慢慢練習，這樣才能越做越好。我都沒有練習的機會，等妳回去了，我還是要自己來啊！」

她還是不理會媽媽的抗議，她用她覺得好的方式，在安排媽媽的生活。也用高標準要求爸爸還有其他照顧媽媽的人，也因此跟其他人，關係弄得有些緊張。

她覺得：「媽媽只是不好意思，就算她說不要，我也要照我的方式！」

不過，她隱隱然覺得不太對，又說不出哪裡不對。

心理師勸她：「照顧一個人，最難得的是用平靜的心去應對。過分牽掛、過分忽略，都會讓被照顧的人不太舒服。照顧一個人的身體，其實也在面對他的心情，或者，也在面對我們自己問自己的種種問題……」

接下來的兩、三個禮拜，她跟心理師談了不少她小時候的事。新老闆的部分，她覺得其實問題沒有像之前想的那麼大，現在很多老闆都這樣，失戀對她的影響也還好，因爲感情的投入也不深。約定的三個月一到，她感謝心理師的幫忙，就回歸「正常」的生活了。

心理師告訴我：「她好像還有一些事沒處理，如果能多一點時間，讓問題都浮上檯面，不知道有多好？」

我問心理師：「你所有的『事』，都處理好了嗎？都『能』處理好嗎？」

他沉默了一會兒。我分享我的觀察，她過於執著自己所認爲的「好」，希望這個世界能多按照她的預想運轉。這個部分，跟心理師想要「完美」地結束這段治療，能全面性地改善當事人的生活，不是有些非常有趣的重疊嗎？

個案不放手，她媽媽就脫離不了女兒的角色，難以成長、自由。心理師不放手，就會跟自己過不去，旁邊的人可能連句謝謝也不會有。

我們認爲的好，他人自有其標準。生活這件事，很多時候，夠好就好，煩惱往往少不了多少，淡然處之最重要。

媽媽的委屈

聽了一位媽媽的無奈，有些感觸，想跟各位朋友分享。

我自己喜歡孩子，也帶孩子，孩子的生活大小事，我都參與。有帶過孩子出門的家長可能比較清楚，如果孩子小，要帶的東西很多，要注意的事也多，像是尿布、奶瓶、防蚊液、孩子的小玩具、吃藥、換洗衣物、食物剪或副食品、衛生紙與濕紙巾……。常常一趟出門，還要順便辦一些事，繳費、買菜、看醫生……等等。

一個人，要照顧好自己，也要照顧好孩子，要做的事很「雜」。很多媽媽在生完小孩之後，會發現自己頭腦退化，體力也變得不夠，特別是現在高齡產婦一堆。這不是托詞，這是事實，容易東漏西漏，無意中粗心犯錯，也容易讓人心情浮躁。

事非經過不知難

在心理學上，壓力粗分兩種：重大事件、日常瑣事。重大事件，像是失業、離婚、喪親等……日常瑣事，這不用多說，親身參與操持家務的人應該都清楚，事情雖不大，但很多，眞的要做永遠都做不完。

只要有一個以上的孩子，特別是活動量大的男生，生活不是只有瑣事本身，肩上還要扛著照顧孩子的安全與責任，每天睜開眼睛就開始，全年無休。如果再加上家裡有需要照顧的長輩，我個人認爲，那是屬於心理層面的魔鬼訓練。

事非經過不知難，光是買菜就有學問。經濟下滑，物價卻是上漲，以前一千元台幣很大，現在要操辦一家子的菜，其實漸漸買不到什麼。我高三就開始離家在外，一個人生活多年，單身自在，就是外食。外食雖然比較不健康，但相對輕鬆簡單。

張羅一家飲食不容易，現代人也挑嘴，嫌東嫌西，這不吃那不喜歡；想要便宜，又想要健康有機，颱風天來青菜眞的買不太下去；生活壓力不小，又每天煩惱，面對不知感恩的家人更是火大；吃剩菜讓自己胖，又不想浪費丟掉。

當然有人買東西不需要看價錢，但是中產階級，斤斤計較是免不了。只是，常計較，習慣可能成自然，另一半看了就嫌煩，就覺得小鼻子小眼睛，自私兼小氣。不禁讓家庭主婦或主夫心想，眞是何苦來哉？

如果回家要面對長輩，那麼買東西常是關係的考驗。上一代重勤儉，這一代重生活，所以普遍來說，長輩常覺得我們花錢花太多。有些家長為了長輩的觀感，回家就要報假帳，被念被罵還要打哈哈，無形中的精神壓力實在有夠大。

營造願理解、多包容的家

我自己做家務不順手，帶孩子也沒那麼重視細節，時常被念，所以我很能體會某些家長的感覺。有時候，我一邊做事，一邊還要接住不斷射過來的冷箭，我慢慢要練就臉皮厚、耳朵關閉的功夫，遍體鱗傷都不管，先求把眼前事做完。

我的體會是，有時候做事的人，不見得眞的需要被多少肯定，做完事本身有其成就感（當然有些人很需要一直被鼓勵）。但是，不要老是被嫌，就阿彌陀佛、謝天謝地！

有一次快下課的時候，跟孩子討論他等一下的晚餐。他說他要吃泡麵（不特別加蛋或青菜，就是原本那一碗加了熱水的麵條與調味包），我擔心分量不夠，他似乎經驗豐富，跟我說明他以前也是如此。媽媽在一旁加入討論，似乎也沒覺得不妥。我當然希望孩子能吃得更健康，但我一想到作爲職業婦女的媽媽，每次急急忙忙帶孩子來上課，在一旁疲憊又頻瞌睡的倦容，我就不忍，就不想多說什麼再加重媽媽的壓力。家家都有難念的經，家長的辛苦，作爲當事人兼旁觀者的我一清二楚。

這一代職業婦女面對上一代多爲全職家庭主婦的婆婆，如果住在一起，光是講到外食與泡麵，在態度上就要小心應對。老人家的碎碎念，我們可以當成是關心、是好意，但職業婦女看在眼裡、聽在耳裡，也不能表現得不以爲意，就是只能告訴自己，凡事要盡力。如果當先生的漠不關心，甚至也一起加入念個幾句，那麼，職業婦女的委屈，就自然而然會影響和樂的家庭關係。很少人有能力，可以不斷把情緒吞下去。

說到最後，其實，沒有人可以完全按照另一個人的想法生活、做事。大家都有看不慣別人的地方，但是沒有理解跟體諒，只有抱怨加嫌棄，那麼每日生活的家庭裡，就容易被搞得烏煙瘴氣，對大家都不利。

我就認識家長，很認清自己的限制與能力。寧可上班，孩子給保母帶，家事盡可能找人做，或者簡單做。日常瑣事也有其壓力特性，瑣事多，導致憂鬱症的可能性也會增加。

家，不是比情緒、比力氣，或者爭權力、論輸贏的地方。如果可以比理解、比包容，不知道無形中能化解多少怨氣？

講情論理有黃金比例嗎？

在家庭裡面，講情跟論理的比重，要適當的調和。講情才能維繫關係，論理方便解決問題，兩者不能偏廢。至於比重如何分配，要看雙方的個性。

溝通是否成功，其實很主觀。以一對育有一子的夫妻爲例，我跟這對夫妻熟識，他們在互動上常有困難。丈夫開車出遊，太太帶著孩子正要上車，下面這段對話，是他們常出現的對話型態。

太太上車，不小心撞到休旅車的上緣，大罵：「shit!」

先生：「不要在孩子面前說髒話！」

太太大吼：「爲什麼不說你該換車了？」

先生：「我這台休旅車，已經很高了，是妳自己撞到，而且妳又在孩子面前大吼，不需要這樣！」

太太：「你就是外遇才會這樣，以前你都很體貼！」

先生選擇沉默，不再繼續對話。

以上述的對話來說，在第一回合，先生沒有立即同理太太的情緒，因爲太太可能覺得痛，可以先試著關心她，後續的對話會比較緩和一點；然而，太太的第一個舉動，確實不太合理，因爲再怎麼表達情緒，不能跨過某些界線，例如：以傷害人或傷害自己作爲情緒表達的方式。

太太咒罵的方式，先生跟孩子都不會覺得好受，這對孩子也確實是錯誤示範，用咒罵方式又要先生能立即支持太太的情緒，對先生的要求有點高。如果太太常用這種方式表達自己，又希望關係良好，那她要考慮改正，除非大家都用這樣的方式表達，也都覺得沒什麼，但從先生的反應看來，顯然不是這麼一回事。

在第二回合的對話中，太太可能因爲沒有得到足夠的支持，也可能是惱羞成怒，便開始轉移焦點。以第一回合結束後來說，一般比較成熟的方式，該立刻道歉，因爲孩子在旁邊，錯誤身教的影響可以減小。但是太太選擇繼續發洩自己的情緒，針對車子的部分展開話題，想要扳回一城。當對話變成吵架，就是從這條路開始岔出去，如果對方也被牽著鼻子走，通常溝通就容易變成意氣之爭。

太太覺得先生賺得不夠多，先生卻覺得太太的生活標準太高，年所得已高過同儕不少，仍不滿足。先生覺得錢夠用就好，要把錢留下來繳沉重的房貸，太太著眼在沒達到她心目中富裕的生活，但又不想花她自己賺來的錢。金錢價值觀的不同，常成爲太太發脾氣的出口，只要脾氣一來，以先生錢賺得不夠爲主軸，就會開始延伸各類的話題，換車、買新筆電、出國度假、高價的兒童才藝課、頂級手機……都是太太吵架時會突然拿來要求先生的項目。

太太的失落情緒需要照顧，但是情緒要參考理性。明明現實就是我們常常沒辦法滿足許多慾望，且先生的收入也高於平均不少，也有房貸要優先處理，太太如果一直把情緒丟給先生，沒往自己內心深處去理清，先生怎麼接也接不完。

此外，第二回合的開頭，太太的破題，通常是翻舊帳的開始，在這裡，如果先生夠了解太太的習性，又不希望太太繼續有不良好的言教、身教，就該打住，或者試著安撫剛剛太太撞到頭的情緒。等有機會獨處的時候，孩子不在，再繼續溝通。理性至上，用在這時間點不是最好的選擇。

但是先生忍不住，回了話，太太在第三回合開始加碼。「外遇」是目前導致離婚的重要原因之一，吵架常常比的是，誰更在意這段關係。太太不惜以關係的存續作爲籌碼，來要求先生對自己體貼，來要求先生重視自己的情緒，也可能希望避開自己剛剛錯誤示範的尷尬，想當作沒這回事，不希望先生再提。

溝通時盡可能別模糊焦點或把話題扯遠

關係破裂的開始，常是因爲一些小事。回頭來看，甚至有時候本來在吵什麼，說不定都搞不清楚了，這就是意氣之爭。當我們不會溝通，每件事都有可能導致分手，因爲每個人都太在意自己的情緒，表達自己的情緒也好像沒有界線，想要怎麼表達就怎麼表達，動不動就拿關係作爲賭注。

常常拿關係的根本來動搖，容易擦槍走火。哪一天雙方的情緒都戰勝了理智，就有可能各走各的路，累積再多年的感情都一樣，這是吵架的大忌。只因爲撞到頭就吵成這樣，那表示這對伴侶很沒辦法溝通。

先生到底有沒有外遇，我不清楚，男方否認，女方也只是懷疑。但是在孩子面前應盡可能避免談這些大人的事，因爲無意中可能會引發孩子不必要的恐慌，這是一般社會上普遍的共識。先生也許終於醒悟，決定等孩子不在時另闢戰場討論，那也很好。如果是心虛，沉默也沒關係，因爲目前多說什麼，都無濟於事。

雖然短短三回合的互動，判斷的資料不太足夠，但我們可以猜想：有沒有可能，太太妒忌先生把孩子放在比她更高的位置，但她自己也不見得明白？先生是不是跟太太的對話，常以照顧孩子的需要爲優先？這妒忌，是不是讓媽媽不太扮演媽媽的角色，反而像是一個吃醋的情人，有些無理取鬧？所謂的「外遇」，有沒有可能是太太把孩子當「小三」的無意識下的語彙？

我不認爲，在關係裡面可以用很輕鬆的方式來論斷對錯，尤其牽涉到情緒的事。關係常是一個願打、一個願挨，能忍受著過生活，偶爾發生一點點小小的美好，就足以持續。

以我的角色來說，特別我是男性，在勸解雙方時，當然希望溝通不要模糊焦點，一碼歸一碼。把事情扯遠，會連一件小事要講清楚都有困難。可是，以太太來說，如果先生平常就能供給她認爲足夠的生活所需，先生能給予非常強的安全感，凡事以太太爲尊，那也不需要吵架了。套一句這位太太常說的話：「你都聽我的就好了啊！」

如果眞有這位太太預期的理想先生，雖然這樣的理想先生很少見，但這位理想先生覺得太太的行爲很適當，那麼，這段關係就沒所謂對錯可言，就只有能不能接受。就算做先生的，認爲自己都對，結果關係破裂了，這可能也不是他想要的，因爲這很自然會影響到他在意的孩子。

我心目中理想的溝通，其實只有一個半回合。

太太上車，不小心撞到休旅車的上緣，大罵：「shit!」
先生：「妳有沒有怎麼樣？……孩子在旁邊喔！」
太太：「我知道了，抱歉！」

先生關心太太的情緒，也用輕描淡寫的方式，讓太太注意到自己的行爲。太太了解了先生的意思，簡單表達自己的歉意，並且眞正減少在孩子面前大聲咒罵的行爲。

我想得很簡單，但是實際上情緒一來，很多事就變得複雜難解了！太太可以有情緒，先生也可以有情緒，情緒來來去去，除非當事者兩人找出彼此都能接受的情理黃金比例，要不然，旁人看得再簡單，也是枉然。

自我肯定

我印象當中，有一位全職媽媽，跟我分享過她的心情。她說，她的兩個孩子很皮，講都講不聽，於是受不了，就是大吼、咒罵，甚至會動手。因爲這樣，爸爸就不高興，又會罵她，整個家庭氣氛烏煙瘴氣，她感覺自己糟透了。

其實，她有部分想要罵給爸爸聽，因爲爸爸都不管，回家只會當大爺看電視。沒想到，爸爸又會把問題都丟回給媽媽，責怪媽媽不會教。

最常見的親子衝突，就是孩子們回家就打電動，不做功課。媽媽吼幾句，有時候會有效果，孩子會甩門進房間，但有沒有寫功課就不知道了，偶爾去睡覺，還是沒寫。哥哥年紀越來越大，開始會用在學校學到的髒話回嗆，弟弟也跟著學。只要假日媽媽有事獨自出門，交給爸爸帶，回到家，孩子就是在打電動，爸爸也不管，有時甚至跟著一起打，說是難得陪孩子，不想把氣氛搞得太糟。

千錯萬錯，好像都是媽媽的錯。媽媽很挫折，在家裡根本沒有地位可言。

全職主婦的成就感來源本來就不多了，如果連自己的孩子都帶不好，先生也不諒解，感覺就更糟。回到婆家，公婆都不用開口，光是看著孫子們搖搖頭，媽媽就想找個地洞鑽進去，在婆家的一分一秒都如坐針氈。

告訴自己：今天眞是不容易，辛苦自己了

我當時年紀輕，跟媽媽講了不少教養技巧。像是媽媽講話常帶著情緒，指令又模糊，例如：「你不知道現在該幹什麼嗎？」、「你這個行爲跟壞小孩有什麼兩樣？」……等等的話。可是，「去寫功課」、「去洗澡」簡單幾句就可以交代完了，不需要夾帶情緒，又可以減少彼此的衝突。

還有，媽媽常說「不要」，那也是親子衝突的關鍵，可以多說「要做什麼」的指令。最好搭配成功經驗，用平穩或輕鬆的口氣表達出來，「上次你回家，其實一下子就寫完功課了，寫完再玩，不是輕鬆很多嗎？」

類似的技巧，我講了很多，甚至跟孩子互動示範給媽媽看。可是，我發現媽媽可能做一點點，或者根本沒做，就放棄了。

我把事情想得太簡單了，也不夠同理家長。我當時感到挫折，也有點氣惱，明明這麼可

行的技巧，非常具體的說明，甚至要說出什麼字句，都幫忙舉例了，只要照著做就可以，爲什麼不去做？

我常常想著過去的案例，每想一次，都會因爲經驗不同，有新的想法。我在猜，會不會是這位媽媽對自己的信心整個喪失了，根本覺得自己不是好媽媽，處於自暴自棄的狀態？

如果一個媽媽，連自己都做不好，怎麼還會有力量，去幫助孩子？是不是有很多媽媽，也處在類似的困境？

我想試著用文字，看能不能做些什麼。

首先，選擇當一個全職媽媽，就是一件值得肯定的事。

全職媽媽不輕鬆，要做到「好」，很不容易。把自己的價値、自己的世界，跟家庭綁在一起，這換成是男生，可能不見得願意。

讓自己處在這樣的狀態下，對有些人來說，眞的很沒安全感。因爲所謂的「好」，很難定義，如果家人或同住的公婆不滿意，那自己怎麼付出，好像都得到否定。這時候，更應該自己肯定自己，因爲肯定是種力量，能帶著自己繼續前進。

把一天的家務做完，睡覺之前，先想想孩子的可愛，或者先生的體貼（如果有的話），還有，告訴自己，「今天真是不容易，辛苦自己了！」

我認識不少媽媽，常等著另一半肯定，但後來選擇放棄。我們姑且想成，另一半的功力不夠，只好靠我們自己，這樣想會比較讓自己過得去。

其次，我們難免講錯話，做錯事，但別全盤否定自己。

像是案例中的媽媽，常擺盪在嘶吼與後悔之間。別害怕承認自己的軟弱，自己會有情緒，不是什麼奇怪的事。

我聽過一句很好的話，可以對自己多說幾遍：「我可以有很糟糕的情緒，但是我不是一個糟糕的人；我是一個平凡的人，偶爾有糟糕的情緒。」

有負面情緒都難免，但我們可以不要讓它擴大。就好像本來天空只有一片烏雲，我們卻任由烏雲把我們籠罩起來，看不見自己。鑽牛角尖的終極心法，就是讓負面情緒無限延伸。

最後，別讓小確幸溜走。

我認識一位爸爸，喜歡帶小孩，請假幾乎都是陪著孩子，但帶小孩的方式，常被否定。這其實沒什麼，就是大家觀念不同。他只好常獨自帶著孩子出去玩，他安排孩子喜歡的活動，孩子不但開心，各項能力都開始進步。

雖然爸爸依然被否定，孩子小也說不了什麼。但是爸爸得要記住快樂時光裡的一點一滴，才能在自己最脆弱的時候，拿來抵禦環境中的負面能量。

別人不快樂，沒必要把自己也跟著賠進去，也不需要因此減少跟孩子的快樂時光。對自己的肯定，由自己來！雖然辛苦，也許寂寞，但是卻最長久，最有力。能持續付出，才能創造不同。

你不要再解釋了

這是我最近聽到的一段爭辯，夫妻為此冷戰了好幾天。

先生：「我先把碗泡在洗碗精的水裡，我等一下再來洗！」

太太：「這是藉口吧！」

先生：「我們家都是這樣，有些廣告也會這樣演，洗碗精會先咬住油膩，等一下再用水沖會比較乾淨……」

太太：「你不要再解釋了，我不想聽，這就是藉口！」

結果，碗就由在旁邊聽的長輩，默默接去洗了。

根據我的經驗，類似這一段對話，大概不會只有這個家庭會發生。朋友問我的意見，當趣談在討論，我臨場反應不佳，口笨嘴拙，當場只能回應「清官難斷家務事」。可是，當我靜下心來，這段對話就屢次浮上心頭。我試著想分析看看：

首先，剛開始進入關係的雙方，都帶著各自的過去習慣，在面對彼此。畢竟，遺傳與過去的種種，堆積成了現在的每個行爲。

尤其是牽涉到我們的家庭習慣，那常可能跟自尊綁在一起。也就是，「你否定我過去的家庭習慣，就等於否定我的家庭，就等於否定我」，有些過於簡化的推論在內心中進行。所以，很多看似微不足道的點，不小心被踩到了，就可能像踩到對方的自尊地雷那樣，引發大爆炸。

爆炸的人，可能不清楚自己的內在對話，只覺得一股火衝上來；踩到的人，也可能莫名其妙，說不定也相應冒出一團火焰。雖然雙方都有點搞不清楚，但爆炸了，就是雙輸的局面，兩敗俱傷。

所以，當我們認認眞眞要進入一段關係，就常要抱著學習的心態。對方有哪些情緒地雷，背後代表什麼重要的涵義，我們盡可能不要故意去踩。眞的要跟對方探討，也要小心言詞，尊重對方的家庭。

記得，有時候對方會批評家人，但我們最好不要跟著批評，或者，可縮小範圍，針對某些較爲誇張的「行爲」本身進行評論，但別針對「人」。因爲對方可以批評他的家人，並不代表我們可以。

其次，別輕易否定想要努力的人。

先生少做家務的原因之一，就是做了家務，會被嫌、被碎念、被澆冷水。事實上，不論性別年齡，當一個人做了某個行爲，就會接受到嫌惡刺激，即處罰，結果就是那個行爲的發生機率會變小。如果一個人，一回家就是要接受冷言臭臉，甚至惡語暴打，那是處罰了「回家」的行爲。

有時候，我們要想，事情不見得要按照我們想像的方式做，也可以給對方一些空間，讓對方用他習慣的方式來執行。還有，剛開始做一件事，還沒熟練，難免犯錯或出紕漏，多做才能生巧，就算眞的都達不到我們的標準，對方有這個心，就該注意與鼓勵。捫心自問，有時候我們是不是要藉由高標準，讓對方感到挫折，來宣洩一下我們的情緒？

以這位太太的反應來說，可能有些宿怨，像是先生常常沒有做家事，或者先生不夠關心她，所以借題發揮……等。不過，溝通是這樣，如果太太對先生有其他不滿，該找機會挑明著說，常藉由小事做爲出口，會累積雙方更多的不愉快，更難處理。

我常注意到，一個人想要另一個人關心，有時無意中會「激」對方，不見得明白表達自己的需求。像是，「你當我是死人是不是？」、「你以爲擺爛就可以過關嗎？」、「有小三的人就會像你這樣！」

激將法本來就是需要情緒控制有一定能力的雙方，才比較可能達到目的。否則，一般來說，激將法的本質是丟出負面情緒，通常引來的是負面情緒，常適得其反。

以這件事來說，既然先生願意洗碗，不管他要用什麼方式，就讓他試試看。眞的洗完了，講講好話，說不定眞的洗得比較乾淨，我們又多學了一個生活常識也不一定。

最後，溝通重傾聽，而不是一味表達自己。

我們很容易對事物有定見，特別當我們對一個人累積不少情緒的時候。可是，我們心裡的「猜想」，常常不見得是對方的「事實」。在心理治療當中的互動，心理師常要跟對方確認，自己的了解是否爲眞，先求聽清楚，再回應。

可是，在一般性的溝通，常常會發生，我們自己替對方下了「結論」，我們就不管對方如何抗辯，也要堅持自己的看法。對方想解釋，我們還會嫌煩，所以會說出「你別再解釋了！」、「我不要聽！」、「我已經被騙很多次了，你就是這樣，還不承認！」……

偏偏，人與人之間很容易產生誤會。少數時候，確實是對方蓄意欺騙，但大部分情況下，我們基於過去經驗，就要把結論套在對方身上，沒有去好好思考，我們所憑藉過去經驗的解釋與推論方式，到底對不對?!

如果，這位先生還想要日子好過一點，就是要主動關心太太對他累積的不滿。如果確實沒有太多不滿，就單純是太太過於以自己的經驗爲主，那麼，可以邀請太太共同成長，像是參加美滿家庭講座、閱讀相關書籍、跟親近的好友家庭交換意見、看看家庭主題的電影。若是，雙方常因爲生活上的大小事，在互動上常感到痛苦，也可以尋找婚姻諮商的資源。

在對方的需要裡，找到表達愛的方式

有些宗教，非常重視婚前諮商或婚姻諮商，這也非常好。我常覺得宗教裡面蘊含了幾千年的智慧，要好好珍惜使用。也可以考慮心理相關專業人員的服務，藉著研究結果，提供知識共同面對關係中的難題。

常常有人會問我類似的問題：如果太太或先生不願意一起成長，該怎麼辦？

我沒有多高明的答案，我只能說，改變自己容易一些。然後，有空問一問自己，關係裡面的感情還在不在。如果還在，那就努力自我成長；如果不在，有沒有其他的理由支持關係的繼續？如果維繫關係的理由都不見了，與其彼此過著痛苦的日子，那轉換雙方的關係也是不得已的事。

愛一個人，是需要學習的。不是都照著自己的方式去愛，才算是愛。有時候，我們過於一廂情願，讓對方感到壓力，感覺不自由，或常常搞得大家不愉快。我們都要在對方的需要裡面，找到我們可以表達愛的方式。

一如，我們特別愛我們的孩子，並不完全是因爲我們的孩子一定比別人可愛。而是孩子在成長的過程中，我們不斷付出，所以我們更加珍惜。

如果我們能愛得剛剛好，用對方想要的方式去愛他。那麼，透過我們的付出，我們更能不斷感受到深層的愛意滋長。

付出，要學習；接受，要學習。給對方機會，給我們自己時間，好好解釋一番，聽聽我們自己的內在解釋與推論的過程。

我們不用去拆除主角所築起的牆，
我們要做的是去試試每道門的把手，看哪一道門是開的。
—— Jacob Levy Moreno

冒著風險講需要

「人家說，婚姻是愛情的墳墓，爲什麼我還沒進入婚姻，只是同居，就開始有一隻腳踏進棺材的感覺？」朋友這麼說。

朋友的戀情是標準的馬拉松，高中一直到現在，快十年了，兩個人都有牽手一輩子的共識，但是雙方對婚姻都很謹慎。所以，同居成了兩人的行動，只是，不知道是不是戀情冷卻，同居一段時間後，新鮮感消退，很快就到老夫老妻的感覺。

「她說，她不想要結婚之後也是這樣！」朋友似乎也有同感，「兩性專家，如何維持彼此的關係在熱戀期？」

我聽到「兩性專家」這種稱呼，頭都暈了。提供一點意見當然沒問題，也感謝朋友的抬舉，但是各種專家的詞彙，在媒體上實在太氾濫了，我自知不是其中的一員。我只對家庭裡面發生的事，多多少少有些概念，把各個家庭教我的事，拿來延伸而已。

我跟朋友談：**第一，「熱戀期」要能夠歷經馬拉松式的戀愛還存在，那非常少數**。如果我們沒把心態轉變，了解關係的演變，光是這個第一關，就很難過。

某種程度而言，要能夠持續熱戀，常常只有不斷地換伴侶，才有辦法做到。婚姻是愛情的墳墓，偏偏小三還會來盜墓。如果伴侶沒有發展出堅強的友誼，僅以激情爲主的愛戀，能有個半年、一年就實在了不起了。

尤其是同居後，雙方在生活習慣上的摩擦，很快會消耗彼此的感情基礎。這時候，對對方所有美好的投射，大致上進入了幻滅的階段。幻滅的時候，會特別想念以前的激情，失落感油然而生。

第二，懶惰的戀人，是耗損情感基礎的重要原因之一。

關係的開始，我們常常會苦心經營，注意自己的裝扮、節制自己的言語、控制好脾氣、營造約會的氣氛……。但是等關係穩定，我們就常常順便、隨便、圖個方便，很多事，就開始求快、求簡單，出去約個會，感覺無聊就開始拿起手機滑呀滑，連製造話題的動作都省了，只想趕快草草結束。

關係的維繫，需要共同的活動幫忙持續。情感的加溫，需要付出，來添材加炭。偏偏，像這種情感方面的事，很容易被認爲理所當然。

套一句朋友常說的話：「到手了，就不珍惜！」

對方說話，也不見得好好耐心聽，講沒幾句就嫌煩。然後女人變成老媽子，男人變成木頭或炸彈，愛意漸少，嫌惡漸增，關係也越來越淡薄。

「就像我們現在吵架，根本就放開了，她丟手榴彈，我被攻擊得受不了，就想發射迫擊砲，以前根本就不會這樣。」朋友說，「其實我覺得，我們就是溝通方式不同，但也都希望關係能繼續，偏偏，我們又都搞不清楚問題出在哪裡。所以，要請大師開示。」

我這個朋友實在很皮，講完還雙手合十。我哪裡是大師，我的人生經驗，還有這方面的輔導經驗，還太稚嫩了。不過，倒是從朋友描述的互動中，可以抓出一些互動上可以調整的方向。

第三，了解與尊重雙方溝通方式的落差。

以朋友的伴侶來說，常常一邊想事情的時候，一邊就說出口了。像是「到底我過年要包多少給我媽？」這個時候，朋友的伴侶還正在想，事情還沒想清楚。

可是，我的朋友在旁邊聽了，就開始接腔：「我跟妳講，妳剛剛換工作，中間有一段空窗期，少個一、兩千沒關係啦……」

我這個朋友，有個習慣，平常很喜歡講話。以前他的老師，曾經建議他，長大可以當「插『話』家」。

可是，這個時候朋友的伴侶，可能沒特別想要聽朋友的意見，朋友還一直說個不停。朋友的伴侶生氣制止，他還搞不清楚狀況。顯然，他的伴侶的問句，不是針對朋友而來，比較像一種自問自答。朋友看不懂，就一直給意見，反而好意變成壓力，最後他的伴侶總是一句「唉呦，我不想講了啦！」來結束對話。

其實，朋友能夠多等一點時間，讓他的伴侶把話講完。等一下，然後問：「妳需要我給妳意見嗎？還是妳只是要我聽聽看妳的想法？……」

如此，便能減少溝通上的衝突，增加有效的回應。

「齁，這樣很累捏……」朋友邊做鬼臉邊說著：「好啦！我知道了啦，我試試看！」

關係自有它的生命，可以努力，但無法預期

朋友平常話多，吵架的時候，倒是話很少，常累積到受不了，就一次爆發，這實在不利

關係。他說，每次被罵，就會想起他媽媽從小罵他的樣子，所以他從小就學到，要媽媽快點結束的方式，就是閉上嘴，讓媽媽罵個過癮。

可是，朋友的伴侶似乎更生氣了。

「她每次都越講越過分，我就更不想跟她吵，我要去睡覺，她還要在床上繼續大小聲，眞是疲勞轟炸！」

我猜，朋友的伴侶，是希望朋友在吵架的時候，至少給個回應。越不回應，她就越不高興。

事實上，朋友的個性會常想著要怎麼解決問題，所以他需要花時間思考。而且在吵架的時候，有些女性的表達能力，會突然指數破表，有些男性會開始跟不上。這個時候，如果女性引導男性表達，會比一定要男性自己產生預期中的表達，更能有效溝通。

此外，他的伴侶要的可能是情感支持，她丟出去的情感不斷落空，她的情緒就開始氾濫了。一氾濫，就口不擇言，把朋友講得一無是處。講到激動處，比中指、罵髒話，甚至動手打朋友的頭……

朋友說：「好可怕，以前都不會這樣。還好有先同居，要不然，我不知道她的個性可以變化這麼大！」

朋友輾轉從共同朋友處聽到，他的伴侶，常在他不在的聚會，數落他的缺點。而且有些狀況，他認爲根本不是事實。但她對外人通常都很客氣，所以根本不會有人知道，她發起脾氣來，是這副德性。

唉……吵架是最忌諱動手、辱罵的，因爲這幾乎表示，根本不把對方當一回事。溝通的落差可以調整，但是個性不改，情緒表現如此強烈，還會在他背後做這些動作。這……不要說想再經歷一次「熱戀期」，連關係能不能繼續都成問題?!

做爲朋友，該說的說了，聽懂了朋友心裡似乎有了定見之後，就是祝福他，不多說什麼了。如果是治療，怎麼樣也要請伴侶一起過來，平衡報導一下。也才有機會釐清，是不是雙方口頭都說想要繼續，事實上，早就有人有其他打算了?

一陣子沒聯絡，想起朋友經歷的事，還是替他覺得惋惜。十年感情不容易，但是關係自有它的生命。我們可以努力，也可以選擇不放棄，但沒辦法預期。

當兩個人吵最凶的時候，常常是各自認爲自己最有道理的時候。可是，與其講道理，不如講「需要」。雙方能在關係中，自在地表達自己的需要，即使冒著被拒絕的風險，那是爲了維持關係的必要努力。

我不知道，這位朋友現在感情順不順利？還有沒有跟當時的她繼續？是不是更願意經營關係，更懂得溝通？

還有，我一直不好意思對朋友說，不少研究顯示，婚前同居，會略爲提高婚後的離婚率。心理學家的解釋之一，就是同居的雙方習慣了共處一室的生活，反而會更未經思索地走入婚姻。另一種解釋，是想用婚姻，來解決同居生活的衝突，以爲結婚證書可以讓雙方忘掉衝突，找回愛意。

關係常在衝突中學習，吵架很浪費時間，關係破裂讓人傷痛，但是，更該從裡面學點東西。

哪一道門是開的

朋友和他媽媽吵架，跟我我訴苦。

他說：「我有跟她講，不要再浪費錢寄東西給我了，雖然委婉的講過很多次了，但最後都吵架收場，媽媽還說我不識好歹。還有，她上次一直問，我才說我想念她的拿手菜，沒想到她除了拿手菜外，又多準備了一大堆菜，我一個人根本吃不完，冰箱也放不下。不吃，我覺得自己好浪費；想吃，又吃不完，趕不上食物壞掉的速度……。」

朋友是外食族，自從業者推出低溫宅配的服務之後，他的媽媽就常準備好吃的東西寄給他。但是東西常吃不完，丟掉既浪費又心疼。有時候又會「夾帶」他不喜歡的中藥或保健食品，媽媽問他有沒有吃，他雖然都沒吃，又不忍違逆媽媽的心意，只好一邊說謊，說按時服用，但一邊又請媽媽不要再寄了。

沒有人懷疑媽媽的好意，但是，做兒子的，希望媽媽不要再寄東西，也絕非惡意。爲什麼帶著善意的雙方，最後常因爲看似帶著善意的舉動，而有衝突？而且這樣的衝突似乎從小到大，都沒有停止的跡象？

如果是小錢，那也就算了。偏偏中藥一罐就是上千元，食物用心煮好寄來再加上運費，也都不便宜。這幾年下來，浪費了至少上萬元，朋友都不敢仔細計算金額了。

這次，朋友是狠下心了，嚴詞拒絕。

據他轉述，媽媽說：「你都不懂得養生，你都不知道，這些要花多少錢，我要花多少時間幫你做……好啦，不吃就不吃啦，我自己處理啦，丟掉就算了……」

「唉……又這樣說！」朋友對我說。

媽媽又生氣，又難過，只爲了朋友拒絕她的好意。這一吵鬧來回，將近半個小時，朋友覺得到了他的底線。

「好吧！你就寄來吧！」朋友又妥協了。

可是，這次不太一樣，就算遂了媽媽的心願，媽媽似乎氣還沒消，跟朋友講電話，語氣都非常冷淡。朋友跟我說，他從來沒看過媽媽這麼生氣。

我不知道是我誤會，還是確實另有隱情。我一直追問，到底朋友拒絕媽媽的時候，有沒有說過什麼可能讓媽媽傷心的話，朋友輕輕帶過，說自己也沒講什麼，媽媽就這麼生氣。

然後，他問我：「有沒有跟長輩和好的方法？」

我常會覺得，我被過度信任了，或者，是提問者想要保護自己的隱私，但又想知道答案。我常常不知道確切發生了什麼事，對方也不見得說清楚，但是常常一個大問題丟過來，我就被期待能夠回答。所以我常以我能力不足，或者根本搞不清楚狀況爲由，表示我無法回應。很多時候，我根本連當事人都沒看到，就被希望能夠根據隻字片語，來討論如何跟對方相處。

維護關係的四個動作：傾聽、感恩、尊重、寬恕

我已經談過很多理論，但是光談理論，放到個案上應用，對提問的人來說，可能又顯得過於空泛，若沒有辦法落實到具體的操作，我會感覺對不起提問的人。只是，朋友這樣的問題，普遍存在於華人家庭，我只好再硬著頭皮試試看，想搬出一些道理，希望能讓朋友參考。

特別上網，查了一段我寫過的話。那是心理劇的創始人 Jacob Levy Moreno 博士的名言：「我們不用去拆除主角所築起的牆，我們要做的是去試試每道門的把手，看哪一道門是開的。」

爲什麼媽媽築起了「牆」？

我猜，不外乎是一種受傷的感覺，一種被拒絕，甚至是一種不被重視的感受。媽媽的生活，好像不再能爲這個已經成年、能自立的孩子付出什麼，但是媽媽又走不出以前的角色和關係，或者，媽媽的生活缺乏注意與肯定，她也許認爲，她只能做到填飽孩子的肚子，幫忙注意孩子的健康，勉強透過這種方式，表現她的關心，或許，也期待獲得孩子的熱烈回饋。

結果，連這唯一的方式，好像也被剝奪了。媽媽的複雜情緒，當然不只有針對食物，而是包含了許許多多，連媽媽自己都不清楚的陳年舊事。

所以，朋友只看到他不要媽媽寄東西，但媽媽感受到的，可能是自己的角色失落了。如果這種事，溝通就有效，那也不用從小到大，爲了這種事衝突了幾千幾百次。我相信，溝通大師會有更好的技巧，但至少，我認識的這位朋友的溝通能力也不差，我相信，在溝通方面，他盡力了。

此外，對我來說，很明顯的是，朋友自己也要負一部分責任。他的心軟妥協，不能不拿進來談。

「我不想要她這麼傷心，畢竟她是我媽！」朋友抗議。

孝順，是華人固有的美德。可是，媽媽也有她自己要面對的人生功課，難道，兒子想要媽媽繼續浪費錢，繼續長久以來的衝突嗎？

「這我知道，可是，假如我從此每次都拒絕到底，媽媽就是會對我發脾氣，那怎麼辦？」朋友似乎害怕堅持自己的想法，他常因爲過於慘烈的後果，而一再退守。

我用我自己的方式解讀「我們要做的是去試試每道門的把手，看哪一道門是開的」這句話。我們能跟一個人互動的面向，其實很多，但由於互動的慣性，我們局限住了我們互動的面向。

以朋友跟他的媽媽來說：媽媽不太了解朋友的生活，又沒什麼其他生活重心，所以，不談「吃」、「健康」，要談什麼？

朋友怕媽媽管他，很多事都不敢讓她知道。媽媽做了一輩子的家庭主婦，跟朋友的爸爸沒什麼話聊，又常吵架，所以只剩電視爲伴，又走不太出去，其他孩子在國外，她也管不到，頂多跟街坊鄰居聊個幾句。拓展互動的可能性，對這對親子來說，很重要。

我問朋友，願不願意多跟媽媽分享自己的生活？還有，他願不願意多關心媽媽的生活，多鼓勵媽媽參與家族事務？

「我試試看！」朋友說。

朋友如果分享自己的生活，我猜，他媽媽當然會想管，或者叫「關心」。可是，朋友也長大了，他自己該試著堅定立場，抓住「分享」這個界線。有時候，讓老人家知道自己的近況，也是一種孝順的表現。

還有，如果平常懂得維護彼此間的關係，就不用太擔心偶爾會因爲細故衝突。我跟朋友分享我最近在網路上看到的文字，如何「愛」（Love）一個人呢？要把四個字母拆解。

「L」代表 LISTEN，就是「傾聽」；

「O」代表 OBLIGATED，就是「感恩」；

「V」代表 VALUED，就是「尊重」；

「E」代表 EXCUSE，就是「寬恕」。

英文中譯的方式，或許有些牽強。但是，這四個動作，確實對關係的維護很重要。以朋友的例子來說，多花點耐心聽聽媽媽想說什麼，感謝媽媽對我們一直以來的付出，尊重且不輕易否定媽媽的想法，當他跟媽媽之間有些衝突，能夠以關係存在爲前提，學習寬恕與放下。

不要說「跟長輩和好」了，這四個動作，對較爲親密的關係都很重要。

朋友似乎若有所悟地結束了對話，但我卻迷惘了起來。這漂亮的話語，到底是給了他心理上的安慰？還是能眞正變成解決關係衝突的良方？

也或許，我做到了傾聽與尊重，讓朋友感覺到更有力量了？我不知道。

有些聽起來很棒的道理，連我自己要做到，都相當不容易。面對人，我從來不敢百分之百確信什麼，我常覺得我好像知道什麼，又好像什麼都不知道……。

降低期待反而自在

我在大學時期，交了一個朋友。他從小生長在佛教家庭，也長年吃素，個性溫和，有空就參加佛教青年的社團聚會。我一向對於佛法很有興趣，所以聽他講話常覺得津津有味。

只不過，他一講就是講個一、兩個小時，融合佛法與他的人生體驗，雖然聽起來覺得非常有道理，但消耗的時間眞的太多了，之後我也覺得有些負擔。後來，聽到同學轉述這位朋友的作爲，我更開始有了另一層思考。

同學說：「他的道理是講給別人聽的，不是讓自己做的。」

同學舉例，明明大家隔天要交報告，報告一點進度都沒有，他還跑出去聯誼，拍胸脯保證自己的部分一定能完成。結果等到交報告的時候，再兩手一攤，說做不完，還好同組的同學早就知道他的狀況，連他的部分一起完成了，才趕得上交作業的期限。

同學一邊細數他的「事蹟」，我一邊開始有感觸：原來，當他在講道理的時候，似乎在營造一種可以讓他逃避的空間。他現實上做不到的，藉著講道理，讓他以爲自己做到了，也吸引了聽者的注意與肯定。

當你面對一個問題，怎麼樣都弄不清楚，那麼，當你逃離它，更是不容易搞定它。我只要一想到這位朋友，就感覺他空談無益，沒有去面對跟處理，那很可能就是正在逃避。

每個一起走過一段時間的人，總能教我們些什麼，不過，要細心體會才有。我感恩這位朋友讓我學到很多，讓我多認識一種不同的人。

被角色綁住，就要試著解開

很久之後，偶然再見到他，是在一個書店。也許是他這段時間更精進，氣色很好，他一知道我是臨床心理師之後，就問了我一個問題：「如果跟親人怎麼樣都處不好，該怎麼辦？」

我最怕回答這種問題了，因爲對我來說，相處常要看雙方的個性，我不認識當事人，我只能空泛地回答。偏偏，這位朋友，就是希望我大概講一講，不知道是不是他不想講太多，又或者只是想找個話題聊。

一時之間，我只想到了兩點：**第一，關係要歸零；第二，四它。**

有時候，我們對較爲陌生的友人，甚至比對親人還要客氣、有禮。我們在關係中，常被局限在角色裡面，然而，一進入角色，我們的行爲就受限。我們每個人對角色，常有自己的期待，拿不開，放不下，造成種種煩惱。但關係累積許多情緒，行爲就更僵化，也常流於反射性的反應，忘了給自己思考的空間。

像是我認識一位講話常夾帶三字經的年輕人，他每次開口沒幾句，他爸爸就不高興，然後開始教訓他，他就更生氣，滿嘴髒話更停不下來，最後不歡而散。講實在話，如果我們今天當成聽一個朋友在談話，先不管那些三字經，把他想講的事聽清楚了，針對他最關心的事回應，帶著適當的尊重與客氣，那麼問題有機會解決，情緒也不會累積。

都已經碰到牆壁了，可以學習轉彎。被角色綁住，就要試著解開，互動會不會更好，執行了就會知道。有利關係的行爲，要學習、要擴大；不利關係的行爲，要減少、要轉移。在思想上，練習把關係歸零再開始，是讓關係保鮮的重要途徑。

讓習慣掌控了關係，常會讓我們忘掉關係中的情緒，其實才是維繫關係的核心。

我一直很喜歡聖嚴法師談處理人生困境時的「四它」——面對它、接受它、處理它、放下它。當我碰到一些年輕人，問些人際的難題，常聽到一個答案：「不要去想它就好了！」

另一種狀況，則是遁入遊戲之中，轉移他的焦慮與無奈。或者，我也碰到跟我的朋友很類似的年輕人，很能說，但不太做，常有理由與藉口，常是他人的錯。

心靜不下來，需要人一步一步帶著走。偏偏長大了，不喜歡被當小孩看待，無法自律，又厭惡他律，人生卡關。

「面對」不難，難在心態。做人做事如果眼高手低，沒有從小處累積，然後用時間去醞釀，怎麼拿得到好成績？

覺得起步難，那就一小步一小步建立信心。在情緒上，才有機會認識自己，接受自己所面對的困境。其實，每個人生階段都有可能卡住，但休息不是罪惡，而是蓄積能量，是想把前方看得更清楚。但如果一下子就放棄，那還是在逃避。

雖然不是凡事都能處理，像是深刻的關係，我們只能努力，難以預期。但是我們透過學習充實自己，對方願不願意回頭，不是我們能掌握，可是我們越來越成熟，能開創更有意義的關係。

放下最難，它是一種心態，一種思考的角度，一種情緒上的釋然。不過，我不認爲我們能夠盡皆放下，但是我們能不斷往前進。沉浸困境裡，適應處在低潮的姿態，如果還放不下，那就往前走，隨著不同時間空間的需要，再做好我們自己。

我也講很多道理，常講得心虛，道理我知道，但重點在實踐。我覺得是我的工作，讓我容易受到信任，被請教人生的問題。我成長很多，但也更謹愼，因爲人生的難題，對誰都不算容易。

練習祝福

「如果妳背地裡一直咒罵他，妳怎麼可能看到他時會有好臉色？他看見妳那一副氣他又討厭他的樣子，如果按照宗教的說法，會有看不到的怨念，一直繞在妳身邊，他怎麼可能跟妳親近？」

我認識一個家庭，在非常巧合的情況下，跟媽媽多聊了幾句。這位媽媽是後母，先生跟他的前妻留下三個孩子，兩男一女，最大的哥哥已經上了大學，不常回家。最小的女兒很乖，沒什麼事讓她操心。

最讓媽媽困擾的是老二，他正值青春期，衝撞權威的力道非常猛烈。他很不喜歡這位後母，根據生母的說法，這位後母是爸爸外遇的對象，生母因此憤而離家。離婚之後，孩子們都歸爸爸，因爲媽媽無力撫養，只能偶爾探望。

媽媽說，老二因爲不滿她，更不滿爸爸，所以，常鬧得家裡天翻地覆。說起來，老二也過得辛苦，生母常對他抱怨，過多的情緒常壓在他心裡，他還要面對自己的課業與人際關係，常理推斷應該會消化不良。回到家又會碰到他討厭的爸爸與後母，情緒動不動就爆炸，變成了可以理解的處境。

爲了整個家庭的和諧，爸爸問老二要不要轉去念可以住宿的私立學校？看得出老二嘴硬，馬上同意，但又不禁流露出焦慮。眞的註冊了，要準備轉學了，老二又不同意，說是在網路上看到那個學校霸凌很嚴重。但木已成舟，爸爸好不容易透過關係，才能讓老二可以盡快過去，只好半強迫地逼著老二，把他相關的學用品與生活雜物搬上車出發。

這下子，老二的積怨更深了。每逢假日回家，看到他就是臭臉，只在自己房間吃飯，家庭活動說什麼都不參加。有其他長輩在的場合，特別是要回鄉看爺爺奶奶，才會勉強配合幾次，但在公開場合很不給自己的爸爸還有後母面子，叫喚他時，他都不回應。

負面情緒有時會透過心理「反芻」，不斷地被強化

後母難爲，這我們都很清楚。如果親戚朋友，又使用道德標準來議論，對外人是茶餘飯後、雲淡風輕的話題，但是對家庭裡要一起生活的每一份子，那可是不能承受之重。

道德的原意，是在維持社會秩序，規範人與人之間相處的界線，非常值得尊重。不過，

現代社會比以前複雜許多，不是每個問題，用道德就能有解。

或許，後母在內心裡，爲自己架上的道德枷鎖，也是她煩惱的深層原因之一。不過，通常這麼私密的情緒，信任關係不夠，互動的時間不夠久，我也不能輕易碰觸。

我唯一能說得上話的部分，就是她如何調整跟老二的互動方式。我自己寫的親子教養書她看過了，她也很努力，就怕被人說不關心前妻的孩子。可是，她跟最大的孩子因爲互動少，所以就是維持表面上禮貌性的互動，但跟小妹的關係就很好，常有共同的話題。她宣稱使用了我書上「所有」的方法，但遇到老二就是沒轍。

她描述她眼中的老二，眞是個麻煩人物。老二是個很難相處的人，非常自我中心，從前妻在的時候就是如此，還很沒有同理心，跟人互動就是爲了自己的利益。看不起比他弱的同學，常出言譏諷；碰到比他強的同學，就想盡辦法巴結，做一點小壞事也願意。偏偏他脾氣很不好、沒耐心，一有好表現就臭屁，有人管他就不高興，爲此還跟補習班的老師起過幾次衝突。可是，在學校裡碰到很兇的老師，他又不適應，回家時就是一直用髒話「問候」老師的媽媽。

總結一句，老二的人際關係不好，脾氣很糟，又沒有自覺。爸爸不是不清楚，但是工作忙，凡事還是要她這個後母打點。

我用了一個平常比較少提到的講法跟她談，那是我當時的體會。我們人在討厭另一個人的時候，會常常在背後咒罵他，甚至有些時候會幻想一些情節，像是讓對方遇到困難，然後要向我們低頭，或者他踢到鐵板，來跟我們道歉承認，原來我們是對的，他是錯的。

用幻想與白日夢，來平衡一下我們心裡的情緒，這是很常見的事，我認為這是讓我們雖不愉快但是還能忍耐的重要機制。譬如工作的時候，同事們私下聚在一起罵老闆，可是開會的時候，又要假裝聽話，一副主管講話，就準備遵命照辦的態度。

不過，那種為了平衡負面情緒的幻想與白日夢，卻常常把我們討厭的人，污名化、妖魔化、誇張化。在心裡罵了他千百回，他的每一個小缺點都不放過，我們對他全盤否定，他就是十惡不赦。

其實，我們越是這樣做，對關係越是不利。因為有時候負面情緒，不見得真的宣洩掉了，而是透過心理「反芻」，不斷地被強化。被我們討厭的人，很容易因為感受到我們對他的討厭，而真的開始討厭我們，這是被驗證過許多次的心理法則。

我們常想像一個人的缺點，想得鉅細靡遺，等我們實際見到這個人的時候，就會更容易看到這個人的缺點。然後，更糟糕的是，我們會慢慢忽視這個人的優點。最後，我們會以為，我們跟這個人，完全處不來，而忘記偶爾我們還是可以相處，也許還有少數時候互動得不錯。

後母這時候點點頭，沒說什麼。不知道是不是因爲，在心裡已經對老二掃射過幾千發子彈了，又不敢對我說?!

給出祝福的同時，也能多些溫暖滋養自己

所以，最簡單的說法是，我套用後母信仰的宗教說法——就是要在心中給對方「祝福」。換成我自己的說法，是心中憎惡對方的時候，可以稍微發洩一下自己的情緒，但也要記得踩煞車，要多想想對方的優點，多想想對方的正面改善與進步，想著下次見面的時候，如何肯定對方！

我覺得「祝福」是一個很有趣的詞，希望對方有多一點福氣。以人與人之間的互動來說，對方有福氣，對自己有益無害。一般那種希望對方漏氣，自己得益的狀況，通常難以持久，而且在社會層面來說，還有可能觸犯法令。

我常常祝福人，我覺得那是種心態的問題。希望別人過得好，並不一定會讓自己過得差，相反地，自己的心裡會少些肅殺之氣，多些溫暖滋養自己。

有時候，想想自己是不是也有對不起對方的狀況，誠心懺悔，也能修養自己的心性。以老二的狀況來說，其實，他一點也不好過，多想想他的苦楚，對他的怨念也會少一些。

後母自己也可以多想想，煩惱這麼多，是不是有自己過度責怪自己的情形？她沒有多少帶孩子的經驗，但是一次在名義上多了三個孩子，又都沒什麼情感基礎，還要面對道德壓力，非常不容易。

就算生母在，假設老二的個性依然，還是很有可能跟家人處不好，因此媽媽可以降低對自己的批判，而不是用已經發生的事折磨自己。活在當下，把心力花在操持家務、調整情緒上，這樣，對整個家庭會更有幫助。

別讓內在的負面對話與責罵無限蔓延，這會讓自己像處在地獄一樣的燥熱，自己痛苦，旁人也想遠離。

天使媽媽是壞人

我常覺得能力不足，因爲以前跟孩子相處的時間，才短短一個小時，頂多一個半小時，就要對孩子做初步的判斷，我有點沒把握。我常常要跟孩子相處一陣子，也許兩到三次，我才能確信至少看到孩子一半以上的行爲。

所以，我以前做過校訪、家訪，我更爲明白，在不同情境下看孩子，所看到的孩子可以大異其趣。我記得以前有個老師告訴我：「沒有到家裡看，常會看不出問題在哪裡！」

最近我有個機會，到朋友家裡坐一個下午。那一個下午，非常珍貴，讓我體悟了一些道理。

朋友家裡人口簡單，爸爸、媽媽，還有一個大班的孩子。我請爸爸媽媽不用特別在意我，我自顧自地打開筆電，希望看到家庭原本的樣貌。

我沒特別跟孩子建立關係，孩子也沒有特別想接近我，只是略顯羞澀。沒多久，孩子似乎就習慣了我的存在，在家裡自在地走動。也是很自然地，孩子跟媽媽開始吵起架來。

起因是，爸爸在書房工作，孩子找爸爸帶他出去騎腳踏車，媽媽阻止孩子。「你不要管我，你是壞人！」孩子聲量很大，怒氣沖沖。

我這些年工作的心得是，看人別只看外表。有時候在外面看起來溫和羞怯的孩子，在家裡可以是霸王，可以是「潑婦」（這是套用家長自己的說法）。孩子像是會自動切換模式，落差大到可以讓不知情的外人嚇到下巴掉下來。

爸爸不是一般上班族，比較像舒活族（SOHO），也就是大部分時間是在家工作的人。好處是能常常看到孩子，壞處是工作時間比一般上班族要長。所以，孩子能看到爸爸，卻不能跟爸爸玩的狀況，就會常常發生。

顯然媽媽制止過孩子很多次，所以孩子累積了不少情緒。沒多久，孩子又要到書房找爸爸，這次是要借爸爸的電腦玩，又跟媽媽起了一次衝突。

孩子一氣起來，表情、肢體、語氣、口語內容，就是十足十的憤怒。可是，媽媽頂多就是說個「不行」，態度還算溫和；回應孩子的生氣，也是刻意冷淡，但沒有過激的情緒表現。

孩子喜歡爸爸，爸爸也喜歡孩子，所以爸爸選擇這樣的工作型態，這跟想要多陪陪孩子也有關係。但完全沒料到，工作時間要比單純當個上班族還要長，才有辦法勉強追上上班族的薪水。

媽媽爲了顧全大局，結果反而成爲孩子心目中的壞人。「壞人」這兩個字，根據家長的說法，孩子不是說說而已，而是認認眞眞地，對媽媽有了壞人的認定。孩子也喜歡媽媽，也愛跟媽媽玩，常回到家就是要找媽媽。可是，沒多久，兩個人就會開始處得不愉快。

追本溯源，孩子認爲媽媽是「壞人」，主要是媽媽常管孩子，常會反對孩子的想法。媽媽不是不合理，但是孩子沒辦法接受，這時候爸爸就會跳出來，安撫孩子，讓媽媽有機會走開去緩解情緒。

媽媽雖然不是聖人，但離天使也不遠了。「爲什麼孩子會這麼驕縱？」媽媽對我說，語氣中充滿了無奈。

我能理解這無奈，因爲爸爸媽媽非常注意孩子的教養，確實能做到愛孩子但不過分寵溺。孩子的驕縱，一部分要從天性來看，或許，也跟以前孩子被其他人帶的時候的教養模式也有部分關係。

立場不同，感受就可能不同

跟人有關的事，常常不是A加B就會等於C這麼簡單。即便眞的有百分百完美的教養機器人，能成爲爲孩子量身打造的父母，但這樣，能否就眞正成爲孩子心目中的理想父母，不會跟孩子起一丁點衝突，不會在跟孩子互動中，讓孩子感覺到挫折？我抱持著懷疑的態度！

因爲我曾經看過如同這對父母般，非常愛孩子，脾氣溫和也有智慧的父母，但是他們的孩子提到在青少年的那段時期，常覺得不被父母理解，而有強烈寂寞、困惑的例子。不論父母怎麼良好地對待孩子，是不是隨著一個人的長大，就會有難以避免的「心理上的成長痛」？

我偶爾會遇到，孩子拿著雞毛蒜皮大小的事，在抱怨父母。從我的人生經驗是雞毛蒜皮沒錯，但以孩子來說，那可是了不得的大事。有沒有可能，一個人在獨立於父母而形成一個獨特的我的同時，要藉助著對父母的氣憤與不滿，來讓自己與父母拉開一段空間？

如果眞是如此，那麼，在生命的某段，天使媽媽也會變成壞人，這就變成了不難理解的情境。我常看暢銷書的標題，會有類似「百分之百讓人喜歡」這樣的書名，可是，我了解這可能只是爲了引人注意而已，就像我認爲沒有「百分之百被孩子喜歡的父母」一樣。

有些傷害，似乎難以避免，說是誤解也好，說是雙方解讀不同也罷，說是時空環境因緣湊巧也行，會發生就是會發生。那麼，如果用這樣的方式，去看待我們因父母所受的傷，是不是可以多一點柔軟與寬解？

聖人也會傷人，好人也難面面俱到，立場不同，感受就可能不同。孩子該管，但好言好語地管，孩子還是不高興，因爲慾望被打斷，需求沒被滿足，這種狀況一點也不奇怪。沒有人能百分之百滿足另一個人，即使最愛孩子的父母也是。那麼，我們小時候渴求的愛，以及之後緊跟隨著的傷害，是不是可以讓歲月幫助我們看淡，然後重新學習付出與接受愛？

我感謝這個家庭幫我上的這堂課，這一刻，療癒我心。

世界末日不修復

我喜歡討論生命有限性對人的意義。有一次，我問一位大學生：「如果明天就是世界末日，你想做什麼？」

「想多陪陪家人！」大學生說。

其實，我們在世間生活，被許多價值觀包圍，我們誤以爲，我們追求的就是幸福本身。然而，當我們想像自己正在生命的終點，許多問題就能被看清——我們的情緒起伏，常常是爲了枝微末節的事，這些枝微末節，浪費了我們太多的時間。我們的追求，不但沒找到幸福，常常還離幸福越來越遠。

我們想要的，無非就是跟家人共享每一刻溫暖的時光，也許，能做一件讓自己投入而寧靜的事。幸福其實離我們不遠，但是我們常視而不見。

我繼續問大學生：「如果你跟家人吵架，已經多年不見了，你覺得世界末日他們也不會想要跟你相處，這時候你該怎麼辦？」

「那只好找別人了！」大學生看起來有些無奈。

把距離拉開，讓憤恨減少，給理智多點空間

被拒絕的難堪，讓很多人不敢聽從自己心裡的聲音，跟家人靠近。有些人因爲父親或母親，也許父母、手足都有，而有不快樂的童年，也因此漸行漸遠。渴望家庭的擁抱，後來可能被憤恨所取代。

然而，別以爲我們不會成長，別以爲我們跟原生家庭的關係，這輩子就只能原地踏步！生命會找到出口，我們會更強壯，強壯到面對傷害而無懼，即使痛心，也懂得安慰自己，關懷家人，然後，盡可能將傷害減到最小。我們越來越懂得，在滿足自己的需求，以及面對他人的要求之間，達到微妙的平衡。

我認識一個家族，家人間的感情不睦，由於常見的爭產問題，以及上一代父母老病的照護，家人弄得像仇人。這並不是特例，媒體新聞時有所聞。

然而，每個人都會老，老了難免有各種疾病。隨著家族親戚，也面臨各自的病痛磨難，同時對生命有限的體認，知道此生有緣成爲家人，雖然有各種情緒累積，但這輩子彼此相處時間所剩不多，隨時可能會面臨無常的考驗。即便稱不上和樂融融，至少彼此的距離越來越近，重要場合也盡可能出席。

我問大學生：「已經世界末日了，難道我們還不努力試著修復嗎？難道，這時候面子還這麼重要嗎？」大學生陷入思考。

對某些人來說，把面子當成自己的生命，拿不開、放不下。我們在社會化的過程當中，慢慢學習了許多的角色與劇本，然而，有許多對白與走位，是當時當代整體社會的設定。把社會的設定通通拿掉，我們回到一個人的狀態，我們到底懂不懂得怎麼扮演自己？我們到底知不知道，我們自認爲的扮演社會角色的方式，可以更有創意與自由？

生存可以有很多種方式，就算是已經相對定型的成人，也有改變的機會。中年會轉職、老闆會變勞工、大官會退休、老師也可以重新當學生……自己這關過不去，生涯就會卡住，情緒難以解套。

我不認爲家人就一定得甜如蜜似地互動，每個家庭有各自習慣的風格。只要彼此能接受，淡如水也可以很有味道。

有的家人很難親近，這我絕對清楚。最近家長告訴我，孩子從小就很少笑，個性很敏感；另一個孩子則天生就有強烈的負面情緒，很少表現正面情緒，大概只有遊戲贏過他人的時候，會明顯顯得高興。我幫助過不少孩子，天生自我中心，講話常傷到他人而不自知。

別說孩子，大人也沒好到那裡去。我就遇過話說出口常是責怪、語帶挑釁，常要占人便宜的中年人。即使他的行爲常造成負面的互動，他似乎也依然故我，常可見到兩敗俱傷的局面。如果我們的家人就是這種人，連好好說話都會有困難，自然難以相處。

有時候，把距離拉開，讓憤恨減少，給理智有多一點空間，有其必要。但是把憤恨怨懟放在心裡，帶著這種情緒過自己的生活，那就是拿對方的問題來折磨自己了。

把世界末日這個問題，拿來問自己，別管對方，只管自己。結果怎麼樣，不是那麼重要，重要的是，自己願不願意付出，把今天當成生命的最後一天，遇到爭吵平心以對，面對責備虛心以對，做出對得起自己的努力。

都到世界末日這天了，自己的情緒、面子，還是那麼重要嗎？把自己的情緒與面子，放在最優先的位置，我們到底因此得到了什麼？或是，跟幸福靠近一點，比較重要些？這些問題，可以拿來好好檢視自己一番。

練習愛的黃金比例

家庭，是我們每個人最早接觸人際關係的場所，就因爲如此親近，朝夕相處，情緒間彼此都會有影響，尤其是負面情緒。父母難過，孩子也快樂不起來，甚至是「不敢快樂」；手足爭吵，父母心煩，怒目相向，惡言以對，所在多有。情緒彼此感染的威力，讓身在其中的每個人，都不好過。

「我們不見得爲人父母，但我們都曾經是小孩。」不管我們現在年紀多大，我們在父母的身教下成長，有些負面的情感、矛盾，雖可掩蓋或是壓抑，但只要不去掀開，是否就不會鮮血淋漓？還是，這些傷口，總是會在夜深人靜時，悄悄浮上意識層面，呑噬我們？然後，我們又在無意間複製了原生家庭的教養方式，將這些未解決的創傷或是被對待的方式，繼續傳遞給下一代，讓孩子也承受和我們一樣的痛楚。

家庭治療的開創者之一，Murray Bowen，他認爲藉由分析一個家庭所屬的三個世代，最能了解家庭，因爲人際關係的模式會跨越世代，進而影響家庭成員。他的理論中，很重要的一個概念就是「三角關係」，是一種三人關係裡，兩人結盟以對抗另一人的經驗。

舉例來說，在家庭的三角關係裡，最常見的就是，父母或年老的長輩任一方拉孩子同盟，成爲平衡、潤滑甚至是對抗、威脅另一方的工具，孩子長期處在其中，心情隨之擺盪，很難穩定，有時還要被迫選邊站，光是想像那處境，就知道孩子的心裡必然不好受。身爲父母、長輩，不管關係如何，就算已經很難維持關係了，至少在孩子面前，一言一行盡可能爲孩子做最佳考量。

然後，面對我們的老父母，他們依然保有愛人的能力，如果我們願意平心看待，他們仍然有能力付出愛，只是，或許他們呈現的方式，不見得能被我們接受。一如他們的嘮叨，可能是我們的禁忌；他們過於熱心的噓寒問暖，讓我們吃不消；他們希望掌控或了解我們的去處，可能是怕自己一個人，或是有著怕再也見不到我們的恐懼……。

他們表達愛的方式，或許含蓄，或許霸道，或許暖心，或許無理……因爲有他們那時代各自不同境遇，導致的表達方式。

當我們無法接受他們表達愛的方式，或是想對他們發脾氣的時候，我們可以想想，時代的巨輪是怎樣造就他們現在的個性或是表達方式。我們可以試著用「同理心」的技巧，站在他們的立場，爲他們的行爲找一個合理的解釋，也讓我們自己好過一點，行有餘力，我們還可以用他們能接受的方式教他們「如何愛」。

我們可以試著這樣理解與思考：

● 在父母親成長的那個時代，可能沒有人告訴他們，當三餐難以溫飽、孩子又爲數不少時，除了顧好大家的肚子，還能怎樣撥出額外的心力，好好對待每個與眾不同的孩子？或許對他們而言，當時能給出的愛，就是讓孩子有家可回，有飯可吃。

● 當時的資訊可能不夠發達，也沒有多少人眞正的爲教養孩子這件事進行討論、指導，也沒有人能告訴他們，當他們小時候也被打罵對待時，他們可以怎樣改寫人生劇本，讓不好的遭遇，就終結在自己這一代，讓自己的孩子不用像自己一樣受苦、難過，能夠有更好的對待。

● 可能沒有人告訴他們，「愛」就要說出來。父母在嘴上不饒人，用「刀子嘴豆腐心」來和孩子互動，但有些孩子就是看不懂，也體會不到，然後親情就在彼此誤會中消磨掉，眞得很可惜。

愛一個人，是需要學習的。不管是哪個世代，都有其文化、社會背景下的因素，這些都可能影響一個人表達愛的方式。

或許，因爲各種原因，我們小時候沒能從原生家庭中得到渴求的愛，但我們可以透過自我覺察及反省，檢視我們的愛，是否也同樣帶給別人傷害？如果，不知道該怎樣反省，可以試著詢問對方，你的付出，是否是他想要的？

愛的黃金比例，沒有一定的標準，能夠在對方的需要裡，找到我們可以表達的，不足則增添，過多則削減，對方能感受到，也歡喜接受，那就是愛的黃金比例。

愛，要有心、懂珍惜、能看見。

4／修復關係，重啟對話

搞清楚對方想什麼，不一定表示自己要認同對方；我們想要修復關係，但不是犧牲自己。如果雙方都能明瞭這些道理，就越能包容矛盾與歧見的關係，那越是成熟，越能克服突如其來的問題。

偶爾不依賴

我的工作，有時候要到處演講，很需要導航，有些很不熟的地方眞的沒它不行。但是，有一次原本要到台南，結果導航把我帶到彰化，演講大遲到，從此我就有了警覺。

我是依賴它，但我不能全靠它，然後自廢武功。所以除了導航，前一天我還是會大概研究一下到目的地的路線。比較熟一點的地方，就開始拿掉導航，練一練空間記憶。

手機也是如此，我以前很會記電話號碼。自從手機出現，我就非得找手機裡面的電話簿，才找得到對方的號碼，結果有時候換手機，或是 Sim 卡遺失，就又要重新開始建立電話簿，相當麻煩。現在，我偶爾會把常撥打的電話號碼多唸幾次，有時候乾脆就直接撥號碼，不用電話簿的功能。

太過依賴，反而讓自己受到傷害。在關係裡面，也是如此。

學習一個人也能自在

最近聽到一位男性長輩，因爲太太幾日不在身邊，特地打電話給太太，問她怎麼用電鍋蒸粽子。我相信，這位從老師退休的男性長輩，各方面的能力應當在平均以上，如果偶爾學習照顧自己，或者偶爾也照顧一下太太，不全部把日常飲食全都交給太太處理，這通電話應該就不用打了。

也曾經有位遭受家暴的媽媽，在我面前哭訴她對孩子的心疼。她不是不想離婚，而是「沒有能力離婚」，因爲她沒有多少存款，也不敢去工作。這位以前當過老師的媽媽，因爲好多年當全職家庭主婦，對自己要重回職場，實在沒自信，所以只好回到「想起來就發抖的家」，繼續過著沒有尊嚴的生活。

她對我說，先生是她愛情長跑多年的對象。她非常謹愼地選擇對象，然後嫁給他，過著男主外女主內的生活。沒想到，自己還是看錯了，先生結婚之後，眼裡好像只有電視，完全沒有她的存在，甚至對她越來越厭惡。她很多時間，因爲要伸手跟先生要錢，很受屈辱，自己在外面一餐只敢吃一碗麵。

家務有分工，情感的處理好像也一樣。

我以前有位朋友，她也很坦白，曾對我說：「你看得出來，我很任性吧！」只要她犯錯（例如開車撞到牆壁，要重新烤漆），就不太敢主動承認，都要先生自己去發現、處理。每次有爭吵，就是先生要先求和、道歉。麻煩的事，盡可能讓別人做，有好處的事，自己衝第一。但是，她罵起人來，可是一點都不客氣，好像別人的智商都有問題。

她負責發洩情緒，她的先生負責收拾善後，這原本看來就是兩廂情願的戲碼，旁人不能說什麼。只是，她似乎想要對我也展開類似的劇情，剛開始我以爲是自己被「信賴」，所以不以爲意。但我慢慢發現，這比較像過度「依賴」——她的對白與互動，跟她先生進行，那是相對沒問題，但是她也想要在我身上複製，那就眞的逾越了朋友之間的界線了。

我慢慢疏遠她，沒想到，她產生預料外的強烈情緒。報復、造謠、排擠、孤立……她對我的動作讓我莫名其妙，難道，她不知道，自己的情緒，要學著自己處理？她眞的搞不清楚，把負面情緒狂丟在我身上，只會讓我更遠離，而不是靠近？還是她以爲，她的男性朋友都能像她先生那般，讓著她、護著她、捧著她？

情緒管理也是一種能力，這個能力不練習，一樣會不進則退。自己有情緒問題，就想要依靠能解決自己情緒問題的理想伴侶來處理，難道，這理想伴侶，都不會有他心目中的理想伴侶，能夠共同來面對彼此的情緒？

在對方沒出現之前，我們應當學習一個人也能自在。當對方出現了，我們更應當在關係中有自在的單身時間。不失去自我的關係，更能讓自己平靜地面對關係中的變化，進退有據。如果眞不得已，也懂得省去歹戲拖棚，留下美麗的背影。

當我們發現，在關係中少數而不定時的空白，我們完全沒有辦法讓自己愉快，反而帶給我們預料外的焦躁與不安。我們應當回頭檢視，自己在關係裡面，是不是不自覺地，給了對方過多的情緒負擔？是不是自己一直想當關係中的主角，而讓對方不得已變成了襯托主角的配角？或者，是正好相反，我們過於依賴對方對我們的依賴，以做爲維持自尊、自信的源頭？

讓我們都學習懂得信賴他人，而不過度依賴。我們知道如何在關係中享受單身，不僅對我們自己好，也能回過頭來滋養關係。

不眞實的美好

一家四口來找我，爸爸、媽媽、大哥哥、小弟弟，還有一個出生沒多久的小妹妹在保母家。因爲小妹妹的出生，小弟弟本來就容易起伏的情緒，又更加重了。

媽媽吼了小弟弟幾次，小弟弟的口語內容，就更顯得不安了，「都沒有人愛我！」

事實上，在媽媽跟我談話的時候，爸爸和小弟弟玩得很高興，看不出媽媽所說的景象。媽媽說：「對啊！只要我跟爸爸都在，他就像把整顆心放下來一樣。可是，只有我的時候，他就黏我黏得很緊，我根本沒辦法照顧妹妹。」

說實在話，現在社會中產階級以上的家庭，對育兒的要求與標準提高很多了。以前不打孩子，就算是寵孩子了。現在連吼孩子，都要跟孩子道歉。

但是，標準提高了，能達到要求的困難度就跟著提高了。「不打不罵就能教好孩子」，類似的標題，充斥在電視、廣播、報紙、書籍、雜誌、演講……當然，這是理想，能達到理想的人，本來就不多。

理想是我們努力的方向，但我們必須認清，要能做到，我們所付出的成本夠不夠，我們的環境與家庭狀況，都可能有先天的限制。譬如，有些家庭根本連經濟都有問題了，就不用說能花多少時間跟孩子好好討論他所碰到的各種困惑。

放下過度美好的描繪與想像

家裡做生意，所以小弟弟常會看到很多不同的人，夫家的習慣又是要孩子打招呼，偏偏小弟弟怕生。我跟媽媽討論，目前我們不必強迫孩子打招呼，要先試著營造比較友善的環境。可是，媽媽說：「婆婆會覺得我沒教好，我壓力很大！」

然後，小弟弟被不斷要求，也要學習適應不同的陌生人，壓力很大。就像媽媽嫁到夫家，也要適應夫家的習慣與文化一樣。

此外，家裡事情本來就多，媽媽又要照顧剛出生的小妹妹，小弟弟又特別黏，媽媽的情緒要保持在平靜的狀態，那她必須修養非常好，這一般人不容易達到。情緒一來，行為就不容易受控制。

我自己確實不打不罵，甚至連瞪孩子都沒有，那有很大的原因，是我給孩子足夠的時間，還有我的工作也教我很多。換成是剛開始工作的我，就算有滿腦子的理論，還是偶爾會對孩子大小聲。現在經驗更多了，就知道用長遠的角度看，大小聲對事情實在沒什麼幫助，加上我不斷調整自己的生活型態，所以凡事較能慢慢來，照孩子的步調來，自然就產生許多正面的情緒，孩子也比較講得聽，也不需要大小聲了。

很多事情，要從源頭開始施力。如果生活步調沒減緩，如果我們大人平常沒有注意修養自己的情緒，如果我們管教孩子的時候，身邊常常有人七嘴八舌，我們還要達到理想中帶孩子的方式，那眞是非常不容易。

我請媽媽認清，理想跟現實之間的差距，要放下完美主義。我相信，現在社會上各種專家震耳欲聾的漂亮話不少，像是我最近還聽到「輕鬆、快樂，又簡單」這樣過度美好的描繪，我猜，有很多家長會對自己的行爲有不少罪惡感。然後，對自己的罪咎，本身就會讓自己的心情不平靜，心不靜，通常更是無法用優雅的姿態去面對孩子。

有很多事，我們都抱著美好的想像。然而，過度執著在美好，會忘了踩在現實的根基上。腳步沒站穩，更難向美好邁進。

以媽媽來說，事情多，就是容易累。疲憊對情緒當然是負面的影響，可是沒辦法改善，那就是只能接受現狀。接受了，反而可能有一些正面的變化產生。

我不是說，理想不重要，我自己就不斷追求屬於我的理想。然而，理想如果離我們太遠，我們還是得要從眼前的路開始走起。

先求有，再求好

有人說，成功只有兩步：第一步和下一步。

「還可以怎麼做？」這是我常有的內在對話，也是常跟孩子們互動的對白。一百分顯然有點困難，那就先求及格，先求有、再求好。那麼，怎麼做，才能多加個一兩分，這樣想，比較實在。

以媽媽來說，有些時候可以放慢腳步。光是減慢自己對孩子講話的速度，就能讓自己與孩子平靜些。其實，我們大人常以跟大人講話的方式，跟孩子對話，忘了孩子的理解能力與人生經驗還沒那麼足夠，本來就該慢慢講、好好說，減少孩子的困惑，孩子的情緒才會穩定。

再來，有些內在的修養，就需要花比較多時間談。像是，我們有時候會對孩子吼叫，那是因爲我們把孩子的話，做過度負面延伸了。

譬如，「都沒有人愛我！」如果把這句話當成小弟弟索求注意的動作，那就是安撫、注意即可。但是，如果把這句話，當成對父母付出的否定，那就會扯上更多、更複雜的情緒了。所以媽媽一直跟我說：「我跟爸爸都很愛他，我們給他很多的愛！」

小弟弟還小，對大人的很多付出都不明白，所以他只是就目前沒被照顧到，來表達自己的感受。大人要讓自己放鬆一點，把我們莫名其妙投射到孩子身上的情緒放下，能更容易、也更自然地表達愛。

我們常以爲孩子「否定」我們，事實上，他只是在「表達自己的感受」。這是不一樣的事，如果我們沒認清，我們就會準備引爆自己的情緒地雷。

其實，把話講得深一點。很多時候，他人也不見得在否定我們，而是表達他的不滿，如此而已。沒有好好傾聽，就會聽不清楚他人心裡的話。

我常覺得，我在治療當中，是在做翻譯。「他的意思是……」、「孩子是想要……」，我們都聽到同樣的話，但是我們聽出來的意思卻不一樣。關鍵的差別，是我們的情緒狀態不同。心靜，凡事都會更清楚些。

我不知道，我的話，家庭能吸收多少。我常覺得，我跟家庭的相處時間不夠，話講不完，就要結束了。然後，通常一般的家庭，如果有餘力，就會再去找其他專家，想要找到「輕鬆、快樂，又簡單」的方法。

藉著寫文章，我希望有機會讓不同的家庭，找到自己的力量，而不是聽過一個專家又一個專家的話，然後迷迷茫茫找不到自己的方向。

用情緒牽引

一個小四的孩子來我的治療室，全身抖個不停。原本就有妥瑞症，現在更加重了，還加上未曾見過的顫抖現象，就看他要把書收起來，書在空中劇烈晃動，吃力地塞到包包裡。他說：「因爲今天很緊張！」

我跟他討論了一下緊張的原因，顯然來治療所的路上，已經持續了可能有二十分鐘左右的狀況。我說：「你看起來好像很不舒服，需不需要我幫你處理一下？」

孩子說，不用。我本來想用大動作遊戲的方式來快一點讓孩子感到體力消耗後的放鬆，但是這會花一點點時間，也不是上課的內容。也好，我就繼續上課，我一邊上課，就能試著用上課的緩慢步調，透過分心轉移的方式，以及我個人常使用的鼓勵與幽默，幫助孩子放鬆。

上課不到一半，顫抖停止，妥瑞的症狀也減輕了。

另一個小六的孩子，一來就趴在桌上，顯然心情不太好。媽媽說明了原因，並安撫了孩子，我同理孩子，說「你看起來有點難過」，就繼續上課了。邊上課邊逗孩子，對他做鬼臉，給孩子鼓勵。上課上到一半，孩子告訴我，我上課用的桌子靜電很強，能吸住他的頭髮，我過去看，並表示我的驚訝。

一般在這個時候，大部分老師都會希望孩子專心。可是，我不是眞的在上課，我是心理治療師，我關心孩子的情緒。當我關心孩子關心的事物，最能帶動孩子的情緒，最能跟孩子在一起。這一點如果沒想通，如果我指責孩子不專心，那我跟孩子就站在對立面，他的情緒更難被我帶動。

當我關心他摩擦桌子，產生靜電的事之後，他就好像活起來了。後來，又示範了用手臂產生靜電，我也覺得很酷。然後，上課該回答的問題都回答了，他還特別把這禮拜準備好的十幾個冷笑話拿來講，因爲我曾稱讚他很會講笑話。

「監獄裡關著兩名犯人，一天晚上犯人全都逃跑了，可是第二天看守員打開牢門一看，爲什麼裡面還有一個犯人？」

「我不知道！」

「因爲逃跑的犯人名叫『全都』！」

這個笑話有打中我，我會心一笑，上課的氣氛變得輕鬆許多。這孩子，把我上次談到幽默感能化解負面情緒的課程，現學現賣活用出來，真讓我開心。坦白說，上課到一半，這個孩子的頭就抬起來了，上課到最後，他的壞心情早就不見蹤影了。

我們一起開心都來不及了，沒辦法改變的事，就不用停留太多時間了。

大人「如何面對挫折」的身段，是孩子的榜樣

治療者本身的情緒，是療癒的關鍵。當我們跟孩子建立良好的關係，我們也關心了孩子的情緒，接下來，就是等著我的情緒，對孩子產生牽引的作用。

用另外一種說法，就是大人「如何面對挫折」的身教，短期內就可能產生效果。長期來說，更是影響孩子一輩子的榜樣。

再換個方式來說，當我們接近不快樂的人，我們的心情容易變得不快樂。可是，當我們接近寧靜、喜悅的人，我們的情緒也能慢慢靜下來，感受關係中的趣味。

因此，家庭中影響力最大的人（通常是父母，也可能是祖父母），他們的情緒基調，就有可能是這個家庭的情緒基調。就算影響力再小，我們自己也會對家庭產生影響，那就表

示，我們對整個家庭的氣氛，也有一定的責任。

所以，我最近跟一位媽媽談到：要讓孩子有好情緒，大人本身的情緒很重要！

偏偏，大人常「急著」讓孩子有好情緒。孩子的情緒不佳，有些大人不但沒把持住自己，還跟著孩子的情緒一起陷下去。因爲孩子的負面情緒而生氣，這我聽過許多遍了！

也許有人問：難道，孩子無理取鬧，我們不該生氣嗎？

我想反問：孩子無理取鬧，我們就該生氣嗎？

孩子有孩子的情緒，我們有我們的原則，但不必然要跟著生氣。他無理，常常是因爲情緒卡住，更是應該先處理孩子的心情，會更容易處理我們面對的事情。

我們大人有時候，也會過於執著一些事。通常鬆動執著的關鍵，就在情緒，當我們心情好了，我們很多無謂的堅持，也可以稍作改變，隨著不同的狀況多一些彈性。

還有，我們的情緒，跟孩子的情緒，要切割清楚。

我們「關心」孩子，也許用情緒陪著孩子走一段。但是，我們要比孩子更有力量，從情緒的泥淖中走出來，如果時機到了，也可以把孩子往好的方向帶。

如果孩子的情緒，引發我們更強烈的情緒，然後，孩子走過了，我們還在情緒裡，我們要內省，到底是不是孩子的情緒，引發了我們自己過去未解決的事？還是單純我們的情緒，從小就是要很久才能回復平靜？

父母是孩子最好的老師，不只是認知方面，我們教了孩子很多道理。在情緒方面，我們也在孩子面前，進行了幾千、幾萬次的示範，不管孩子想不想學，都會影響到他。

如果您天生就是負面情緒非常強烈，那也不需要過於自責，這也不是您願意的，請別在這點跟自己過不去。

如果您的心情常是平靜或開心，別忘了這是您的工具，可以讓身邊的人藉著您，學會歡喜看事情。

如何修復關係？

關係的起點是自己，要跟別人和好之前，要先跟自己和好。沒把自己整理好，自己要什麼都不知道，怎麼跟別人和好？

換個方式來說，重啓對話的最好時機點，是在雙方都相對平靜時。那麼，先跟自己和好，自己才能相對平靜，才能展開有效的溝通。

跟自己和好很重要，善用四步驟先把自己釐清。

第一步，請先調整自己的心情。深呼吸、出去走一走，別繼續大眼瞪小眼，相看兩討厭。夠敏感的人，慢慢就會清楚，等雙方都開始講情緒話之後，再談無益，更可能累積對彼此的傷害，就要馬上喊暫停。

第二步，這段關係有沒有需要維繫。譬如，現在網路酸民很多，沒看幾句，根本搞不清楚原意，就留了些批評的話，藉機發洩自己的情緒，如果每個都要回應，那更是苦了自己。如果是不同的工作部門，立場本就有些相互監督、敵對的同事，能夠保持表面的禮貌就算了不起，職責所在，演什麼像什麼，每次爭辯都要修復，那也太累。長官要懂得適時出面，維持工作場所的和氣，長官躲起來，大家的工作氣氛就是烏煙瘴氣。

維繫關係，修復感情，也要有時間精力。把時間花在值得的人身上，人生會快樂一些些。有人就是喜歡佔便宜，有人講沒幾句就污辱、貶低，他用一輩子養成的慣性，別以爲我們用幾天、幾個月跟他好好講道理就能處理。

第三步，多內省。到底自己爲什麼有情緒？有時候，只是壓力太大、生理狀況不佳、剛剛太急太忙……。人不是機器，難免發脾氣，知道自己吵得沒有道理，等一下就是誠心誠意道歉，消消對方的氣；明明自知理虧爲了面子還硬拗，那就是考驗對方的耐性；有些人是想要藉此看看對方多愛自己，所以要耍任性，但是千萬記得，耐性有可能被磨盡，大小姐、公子哥脾氣很多人消受不起。

不過，有些內容是陳年舊案，吵了一百遍，大家的互動還是一樣，大家都堅持照自己的方式才對。那麼，我建議別再吵下去，試著雙方各退一步，或者請教他人，或者請德高望重、人生經驗豐富者，或者專業人員幫忙。不斷重複無效的互動，那會讓人更無力，小裂痕也足以變成讓人陷落的大空隙。

相處就會衝突，也不是所有衝突都有讓雙方滿意的答案。平常就該做心理建設，小衝突在關係裡面是正常，別一衝突就驚慌，好像關係要崩解，世界要塌了。小吵怡情，如果懂得這道理，能夠相對淡然處之，時間久了，懂得適當表達了，衝突就變成溝通。相處磨到順暢的伴侶，幾年不吵架，也是有可能，不過很少見就是了。

內省這件事，那是一輩子的功夫。有時候，自己清楚了，抓住自己幾項最在意的事，其他的枝微末節就沒那麼重要了。如果表達了，狀況還是沒改變，就任對方去了，換得一些自在，那也清靜。

有時候，是對方聽不懂自己在說什麼；有時候，是自己老是聽不懂對方要什麼。其實，如果是自己的困難，像是有人很不會面對情緒、實在看不懂對方的臉色、非常自我中心、常一開口就得罪人……仔細從過去想想，多多少少都會有些自覺。我只能說，追求自我成長是個人的事，學校很少教，但活到老學到老，我們自己不能停。

第四步，學習有效溝通。先搞清楚事情，先求聽得懂對方到底在說什麼，別只顧著自己生氣。連要面對什麼都搞不清，就劈哩啪啦不斷表達自己，就像霧裡揮劍，最後還可能砍殺到自己。

以「我」爲主詞發展清楚具體的肯定句很重要，把該扛的責任扛起來，像是父母對孩子說「你爲什麼要讓我生氣，然後氣到打你？」，變成「我很生氣，所以打了你！」

自己提的問題，自己能不能清楚回應？自己要的是什麼，有沒有辦法歸納爲簡單的幾句？自己要的是某種情緒，像是關心，還是具體的行爲或事情？說實在話，我碰過不少人，自己要什麼都搞不清，看著對方疲於奔命，還一臉不滿意，以爲自己是太上皇帝。

有效溝通的方式，篇幅有限，只能談到這裡，修行靠個人。不過，態度很重要，說到底，要維繫關係，最後的結果是要對雙方都好。只重視滿足自己，那是爭取，也可能是胡鬧，對關係是耗損，難以再往前邁進。

衝突後，修復關係四步驟

每次意見不同，就擺出「我對，你錯，你閉嘴」的態勢。那很可能贏了道理，但輸了感情。

衝突之後，冷靜下來，不管是用書面、留言、E-mail，或是當面，能清楚自己要的是什麼，也想要維繫關係，對方也值得溝通，可以參考下列步驟：

第一步，先說明自己剛剛的行為與情緒。有時候，我們突然喊暫停，開始溝通之後，就要主動跟對方說明，緩解對方的不安。像是「根據我的經驗，剛剛大家都慢慢失去理性，再講也講不出什麼東西，不如暫停……我剛剛又氣又傷心，因爲……」

對象如果是孩子，越要注意。因爲孩子容易被嚇到，被嚇到就失去理性，特別需要大人幫他們調整情緒。孩子的情緒穩定，大人的話才聽得進去，別忘了引導孩子理解我們的情緒，跟聽進我們的話，一樣重要。

記得，如果確實是自己沒道理。請直接開頭就說「對不起！」這樣對於開展眞誠的對話，會有正面的助益。自己要有雅量，道歉之後對方也不見得滿意，因爲自己可能多次發脾氣又不講理，那是自己要改進。

第二步，同理與傾聽。再次確定與澄清，自己是否誤解他人心意。有時候衝突來得莫名其妙，對方突然有情緒，那是因爲對方感覺我們只在意自己，不管他心裡的聲音。好好把剛剛對方的意思再複誦一次，等待對方確認。光是這種尊重對方的做法，雙方就會重新靠近。

搞清楚對方想什麼，不一定表示自己要認同對方；我們想要修復關係，但不是犧牲自己。如果雙方都能明瞭這些道理，就越能包容矛盾與歧見的關係，那越是成熟，越能克服突如其來的問題。

第三步，澄清自己的想法。對方如果願意，請他幫我們一個忙，讓我們確定自己有沒有傳達錯誤，讓對方誤會。

如果對方誤解，請先在腦中把自己的想法整理清楚，再簡單告訴對方。避免沒有重點地長篇大論，那常可能造成前後邏輯不一，更讓對方搞不懂。如果可以，請具體比較對方的理解，跟我們想法之間的差異。

第四步，和對方一起思考，「你好我也好」的解決之道。相互理解之後，就要展開行動。但是差異過大，就更要學習妥協，妥協才有辦法讓關係走得久遠，那也表示，大部分的人都要在關係中學習改變。

妥協的藝術，可以輪流、可以撒嬌、可以床頭吵床尾和、可以大家設定共同的目標一起往前進……或者，在關係中標定出個人所擁有的獨立空間。在關係中失去個人，那萬萬不可以，會讓人無法呼吸。個體有健全的生理與心理，更容易有圓滿的關係。

不過，不是每段關係都要親密，每段關係在不同時間點，都有不同的距離，這點要認清。別執著強求，勉強在一起，那是欺騙與安慰自己，關係也不見得美麗。

另外，每次衝突，都盡可能試著建立SOP。例如，到哪一點該喊暫停？盡可能不說出哪些話語？理解與傾聽是大家的默契、常探討彼此對關係的在意。

眞能在衝突後走過這四步，大概雨過天晴，說不定還會賺到關係變得更爲凝聚。但是，人常因爲誤會而在一起，因了解而分離，如果清楚彼此的差距難以跨越，放手也是選擇之一。

情人之間，以感情爲基礎，感覺沒了，只有一方辛勤耕耘也只能唱獨角戲。親人雖然有血緣關係，看似無法代替，但還是有可能對彼此沒興趣，或者有在意的優先順序，表達過自己的關心，申明自己的責任與權利，就要由對方去，否則徒增傷心。關係中，習慣用情緒勒索，只爲了跟對方在一起，別忘了，那會綁住別人，也綁住了自己。

我們沒辦法跟每個人都和氣，這是許多人教導我的道理。一定的年紀之後，就更懂得在一定的範圍內做自己。做好自己，合則來，不合則去，灑脫好過強迫。禮貌要注意，因爲再見面也有三分情，好聚好散，沒有對誰的恨一輩子要放在心裡，那眞是跟自己過不去。

從來不停止改變的，就是人與人之間的微妙關係。

了解他人是否和自己一樣承受苦痛，
而自己其實是帶著誤解的眼光在看他人。

受傷圈的練習

在人與人的互動中，衝突總是難以避免，差別只在於程度的大小而已。尤其是家人，因爲血脈相連，骨肉相親，不管有沒有住在一起，這輩子總是有難以割捨的緣分。

常聽身邊的朋友們抱怨，自己在和其他家人互動時，心裡或多或少都曾有氣，零星的口角衝突當然免不了，但遇到大衝突時，有時候可以冷戰好幾年都不講話。我也曾聽過一位老媽媽說，家裡兩個兒子，多年前因爲某件事情意見不合，至今五年了，兄弟之間仍「相敬如冰」，逢年過節回家時，也不見兩人有互動，身爲媽媽看到這狀況，心裡份外憂心、難過。

我們常容易在衝突或是關係中過度放大自己的委屈或痛苦，覺得沒有人比自己更辛苦了，或是思考著，爲什麼其他人就是不理解自己。當類似這樣的思考或情緒無法放下或一直縈繞於心，就很難談如何踏出修復關係的第一步，因爲連自己都不能跟自己和好了，遑論跟其他人。

家族治療中有一個名爲「哀傷圓」的技巧，可以幫助我們試著看清情緒的流動在互動間的眞實樣貌。「哀傷圓」原本是專門用於那些對於自己單身，而感到沮喪憂鬱的女人身上。「哀傷圓」的原理，主要是把「人」、「事件」及「情緒」圈在一起，在本篇文章，會將這技巧稱爲「受傷圈」，方便使用於各種負面情緒中。

「受傷圈」（見二八三頁）可以用來幫助自己釐清與面對事件裡，究竟有多少情緒是屬於自己的，又有多少是屬於別人的？也能帶給自己省思，以了解他人是否和自己一樣承受苦痛，而自己其實是帶著誤解的眼光在看他人？

這個技巧的方法是：

1 透過視覺化的方式，先在紙上畫一個圓圈來代表自己情緒的大小（這情緒可以是痛苦、難過、哀傷、自責），**以幫助我們看清傷痛的程度。**

2 **將這個圓試著做切割，將我們要探討的人，給予不同百分比的「痛苦指數」**（總和爲百分之百），**並在每個比例的旁邊，按照「事件——解讀——情緒」的方式，寫下痛苦的原因**。這能讓我們更清楚，自己是否過度解讀了自己與他人的處境和情緒。

3 **討論每個人被分配到的大小，及可能代表的意義**。例如：「婆婆對於我在除夕夜負責整個家族團圓飯的辛苦和壓力都視而不見，還嫌東嫌西，先生也不知道要來幫忙，眞是讓我感到委屈！」

4 **「受傷圈」可以反覆修正或重新繪製，每重畫一次，說明了我們情緒的再度重整與體悟**。透過這個過程，我們可以不斷修正自己看待事情的角度，對於認識自己與他人都有幫助。

【受傷圈】

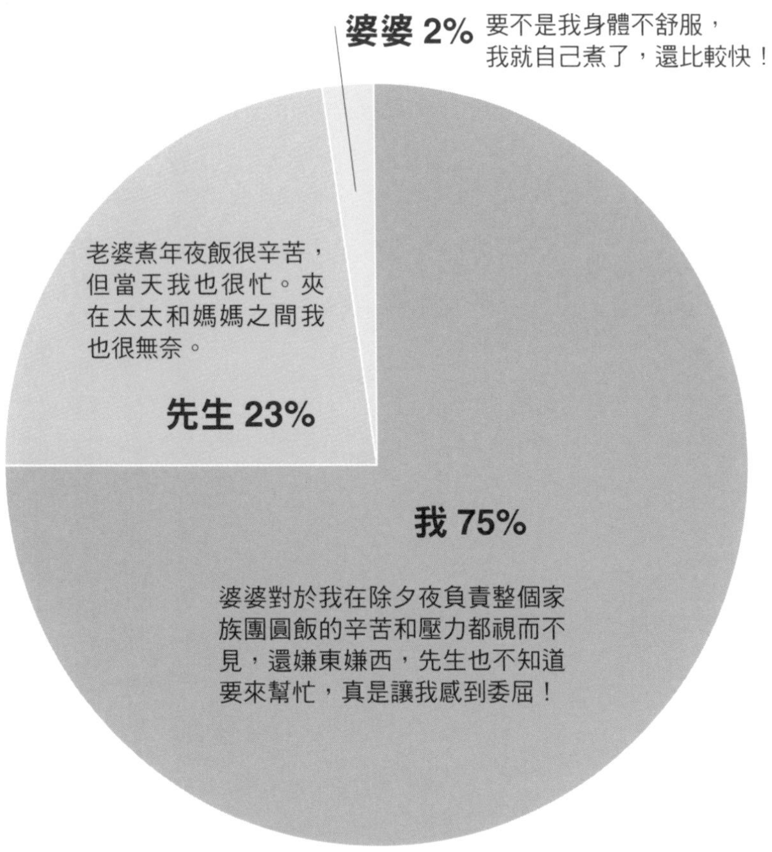
婆婆 2%
要不是我身體不舒服，
我就自己煮了，還比較快！
老婆煮年夜飯很辛苦，
但當天我也很忙。夾
在太太和媽媽之間我
也很無奈。
先生 23%
我 75%
婆婆對於我在除夕夜負責整個家
族團圓飯的辛苦和壓力都視而不
見，還嫌東嫌西，先生也不知道
要來幫忙，真是讓我感到委屈！

將強烈的情緒感覺，透過畫圓圈的想法，用視覺的方式來加以澄清，有益於常將自己陷入負面情緒泥淖的人，重新看清自己及他人的情緒，也賦予這經驗新的意義與想法。

技巧是一種工具，幫助我們用另一種觀點看事情，有時能夠敞開心胸的表達自己的情感和情緒，再透過大家一起思考、討論，更容易針對彼此的盲點、誤會進行修正。

而情緒釋懷後的平靜狀態，也能幫助關係中的彼此好好對話，開啟有效的溝通，逐步邁向情感修復之路。

我們不見得為人父母，但我們都曾經是小孩。

或許，我們小時候沒能從原生家庭中得到渴求的愛，但我們可以透過自我覺察及反省，檢視我們的愛，

是否也同樣帶給別人傷害？如果，不知道該怎樣反省，可以試著詢問對方，你的付出，是否是他想要的？

找一條回家的路

從跟家庭和解出發，再學會修復自己與關係。

作　　者 洪仲清・李郁琳
總 編 輯 汪若蘭
主　　編 蔡曉玲
行銷主任 高芸珮
封面攝影 汪忠信
封面設計 黃思維
內頁設計 Joseph

發行人 王榮文
出版發行 遠流出版事業股份有限公司
地址 臺北市南昌路2段81號6樓
客服電話 02-2392-6899
傳真 02-2392-6658
郵撥 0189456-1
著作權顧問 蕭雄淋律師

2015年2月 1 日 初版一刷
2016年9月30日 初版三刷
定價 新台幣280元（如有缺頁或破損，請寄回更換）

ISBN 978-957-32-7572-5
遠流博識網 http://www.ylib.com
E-mail: ylib@ylib.com

國家圖書館出版品預行編目 (CIP) 資料

找一條回家的路 / 洪仲清 , 李郁琳著 . -- 初版 .
-- 臺北市 : 遠流 , 2015.02
面；　公分
ISBN 978-957-32-7572-5(平裝)
1. 情緒管理 2. 生活指導

176.52　　103027711